Inhaltsverzeichnis

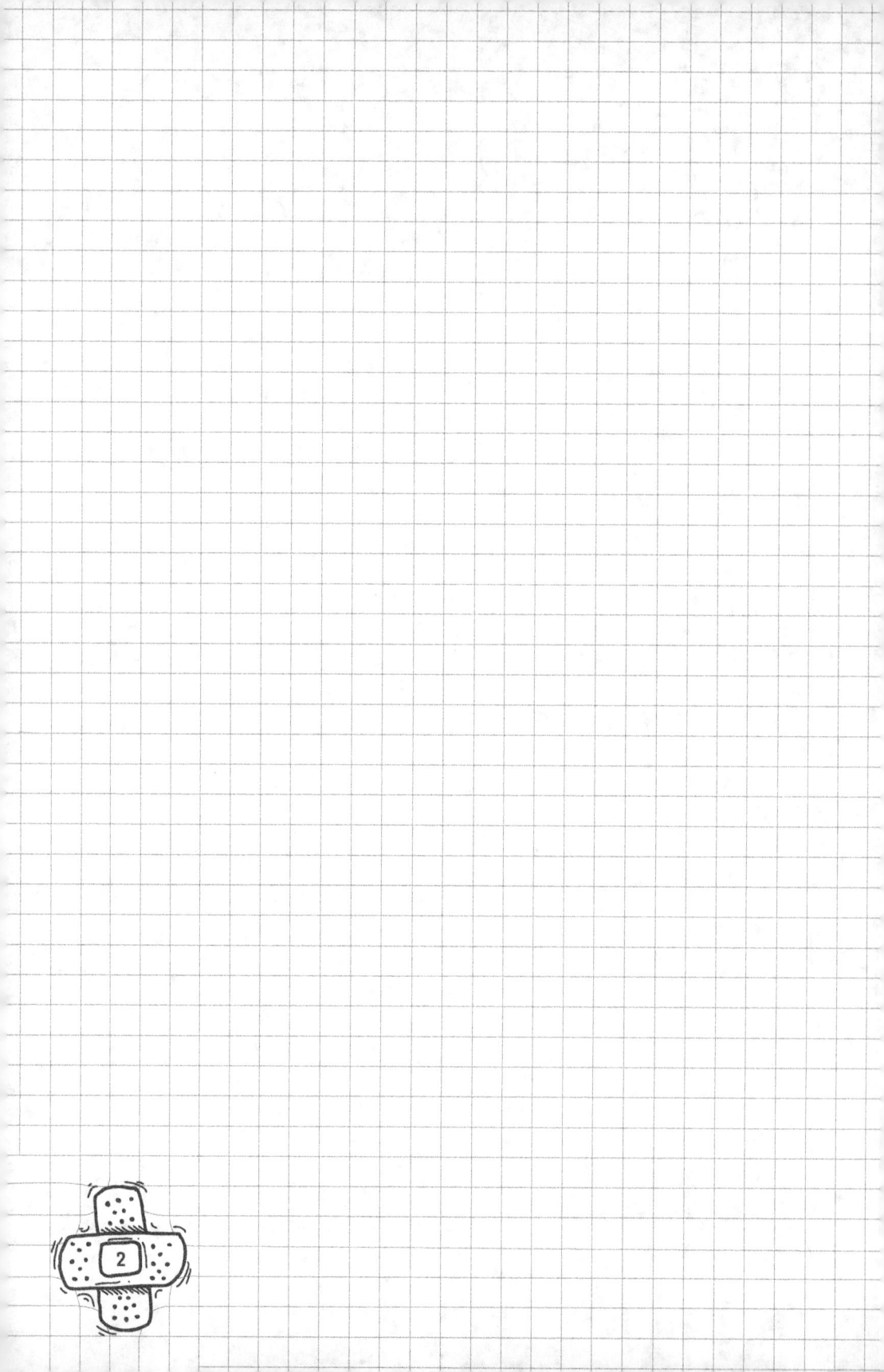

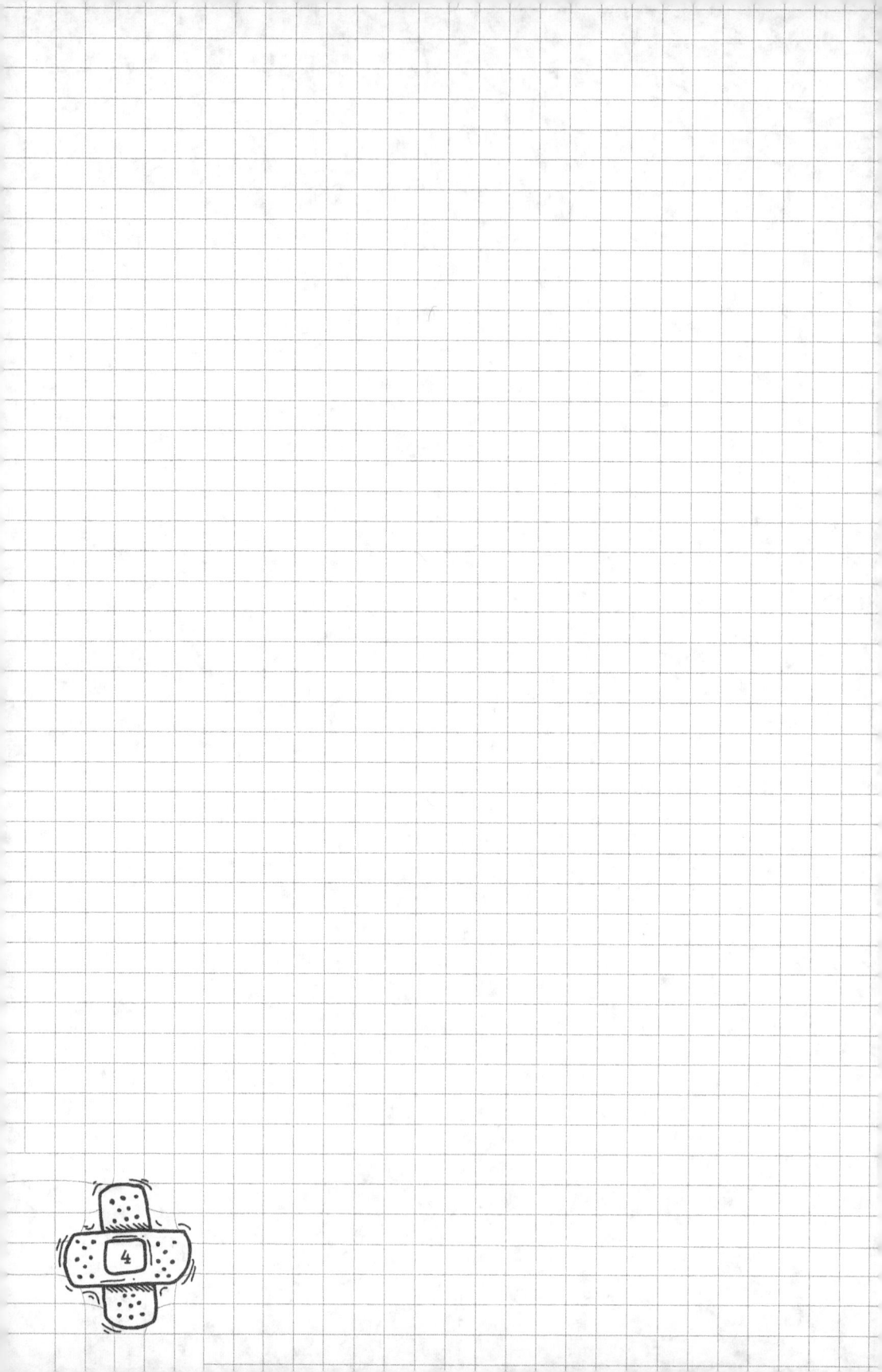

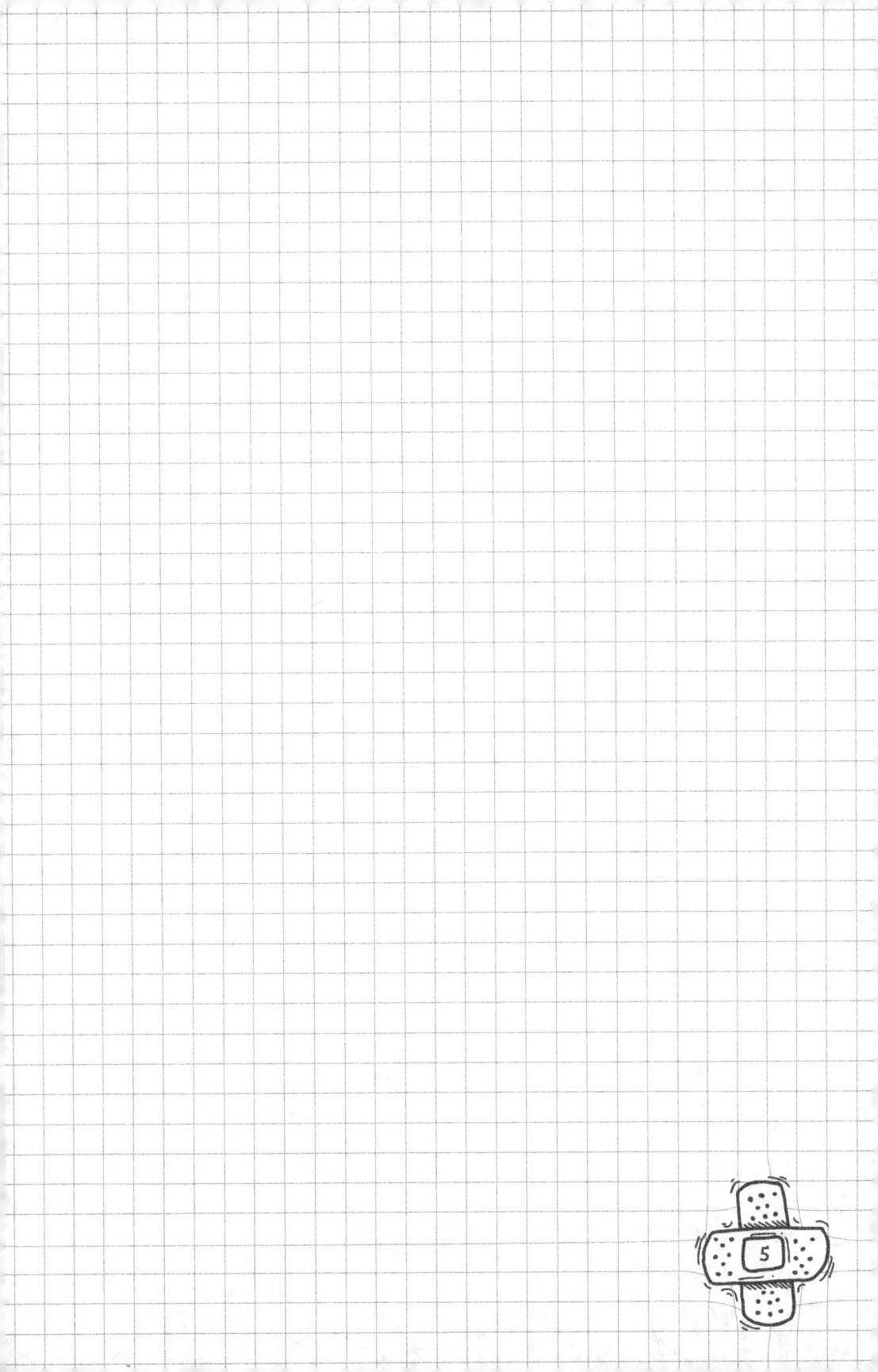

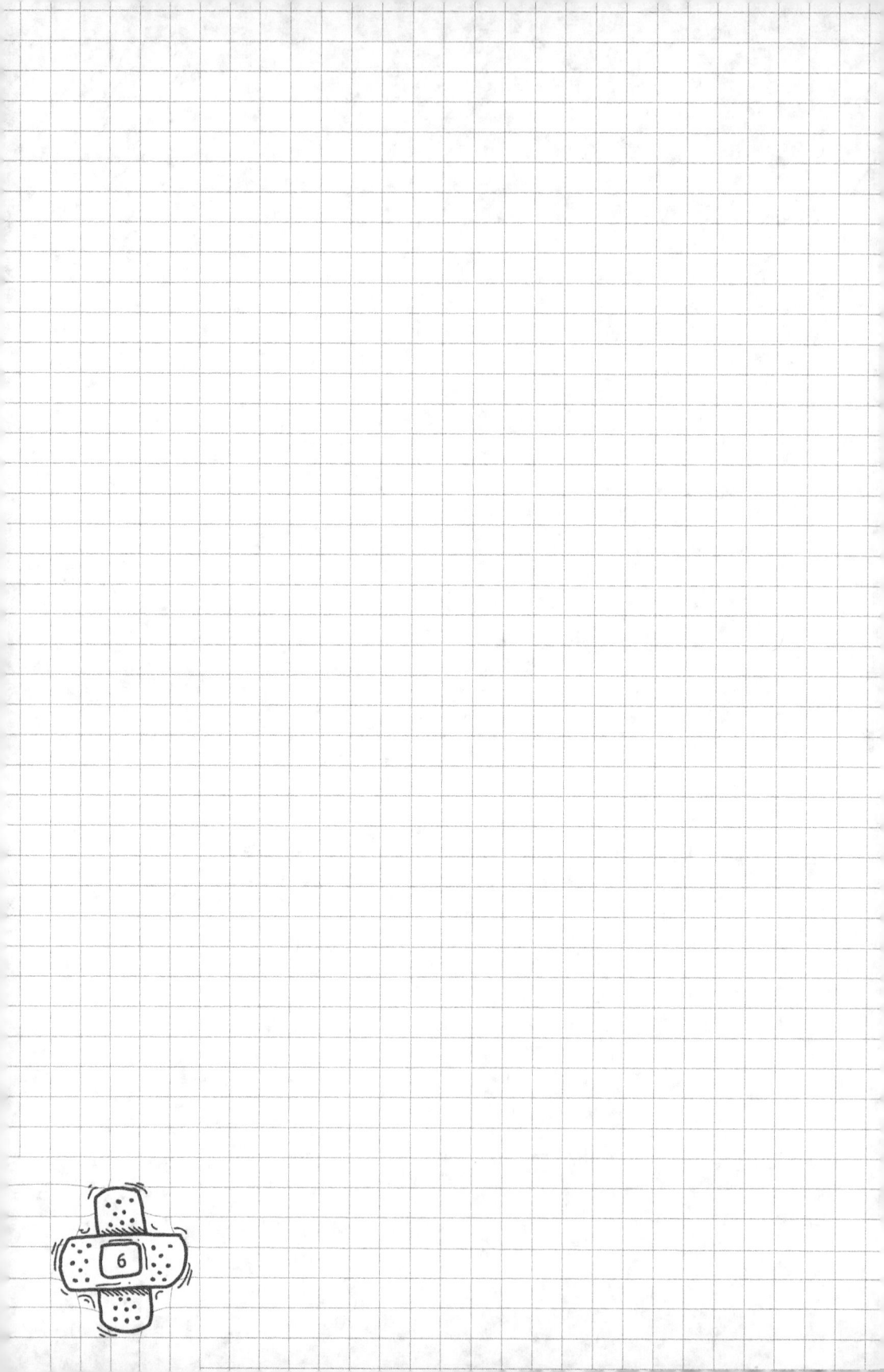

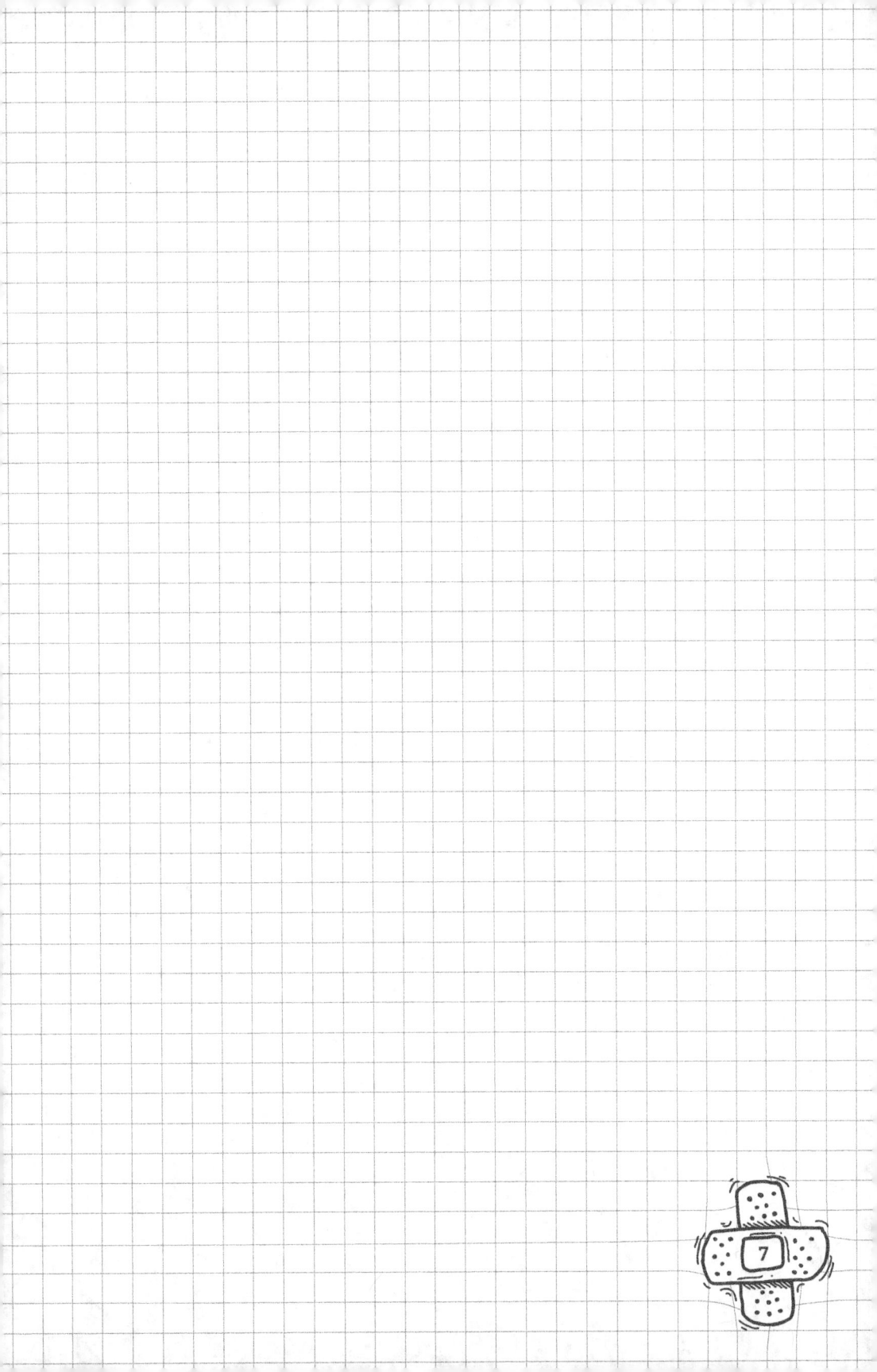

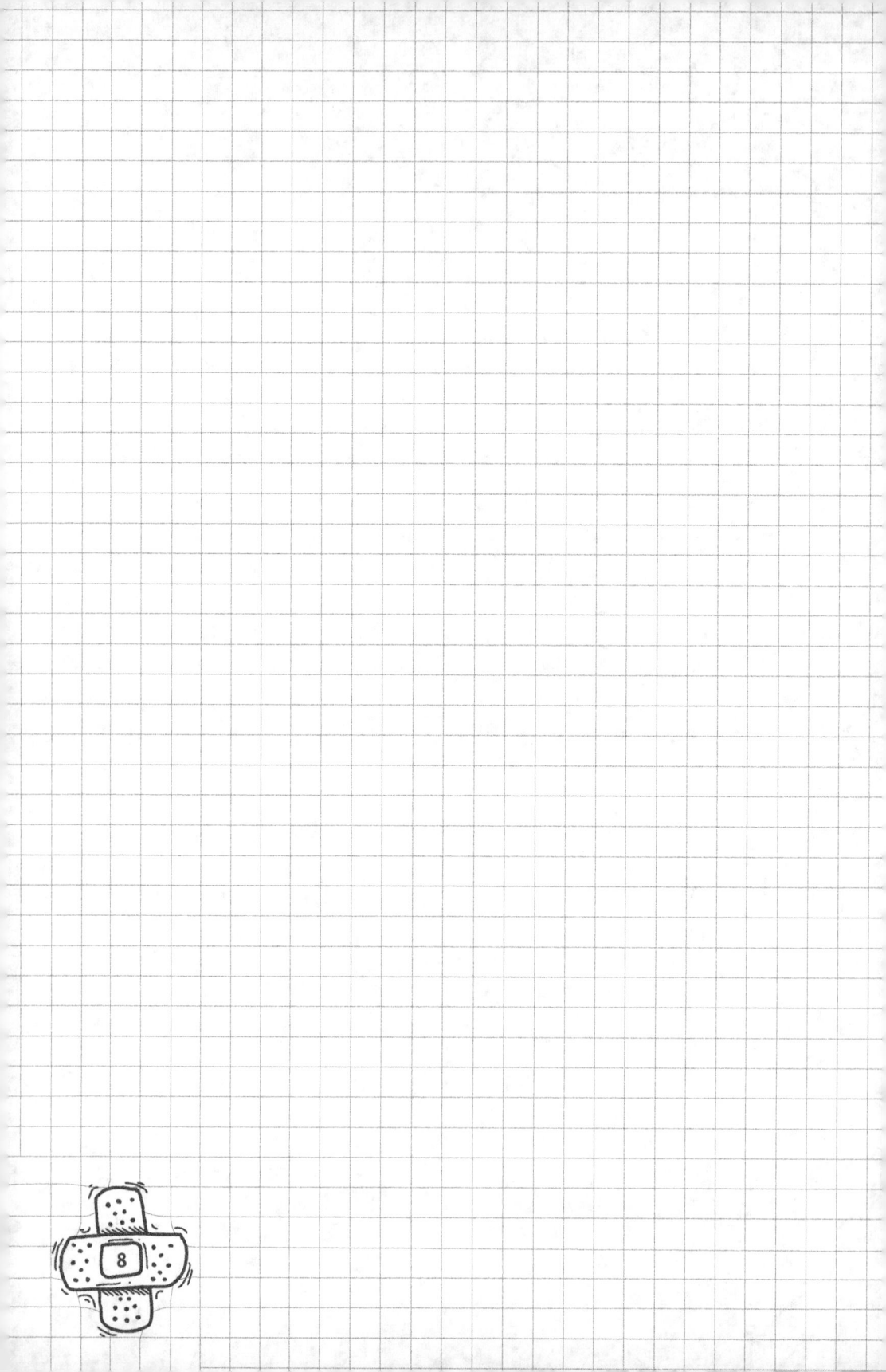

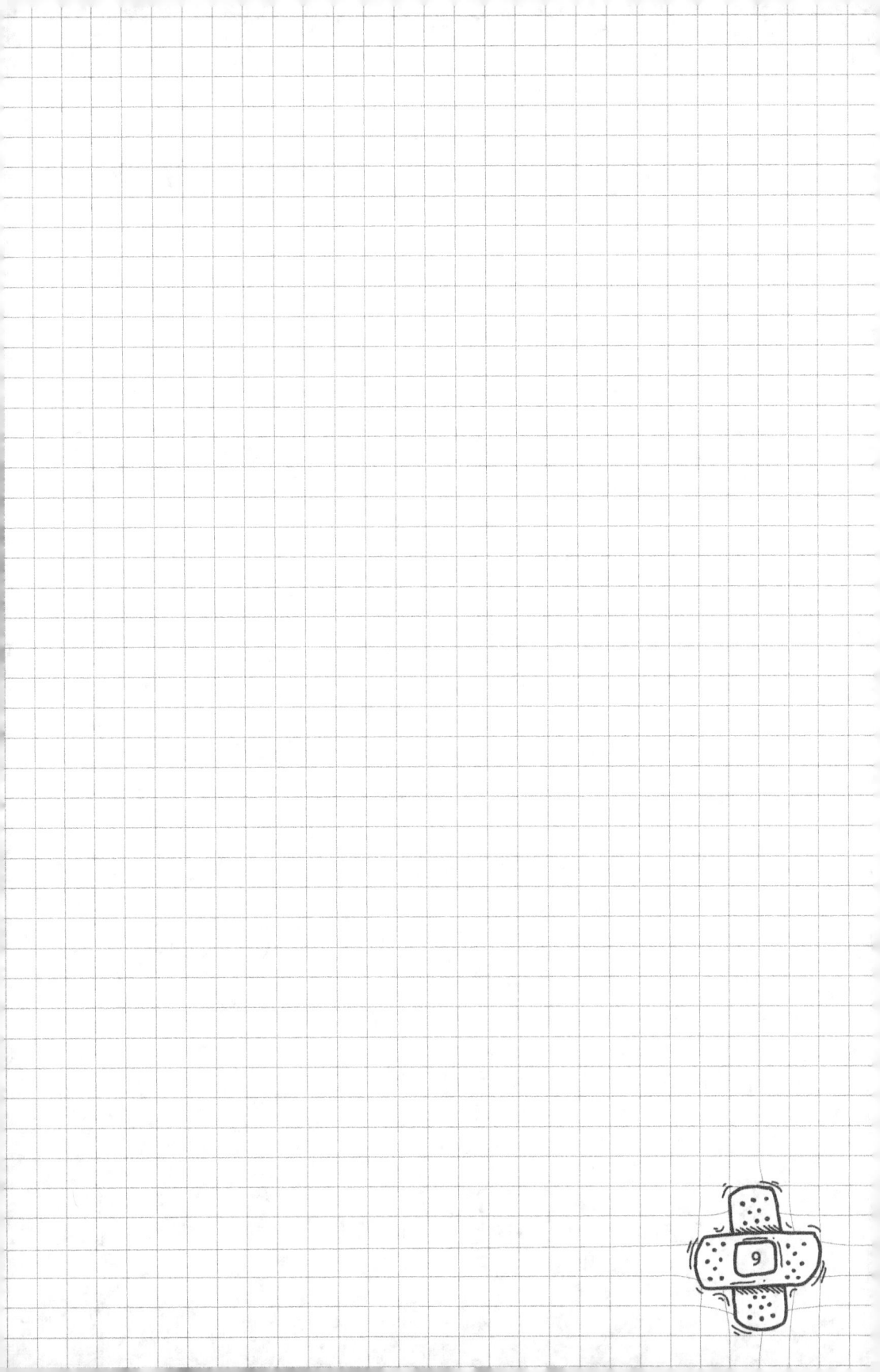

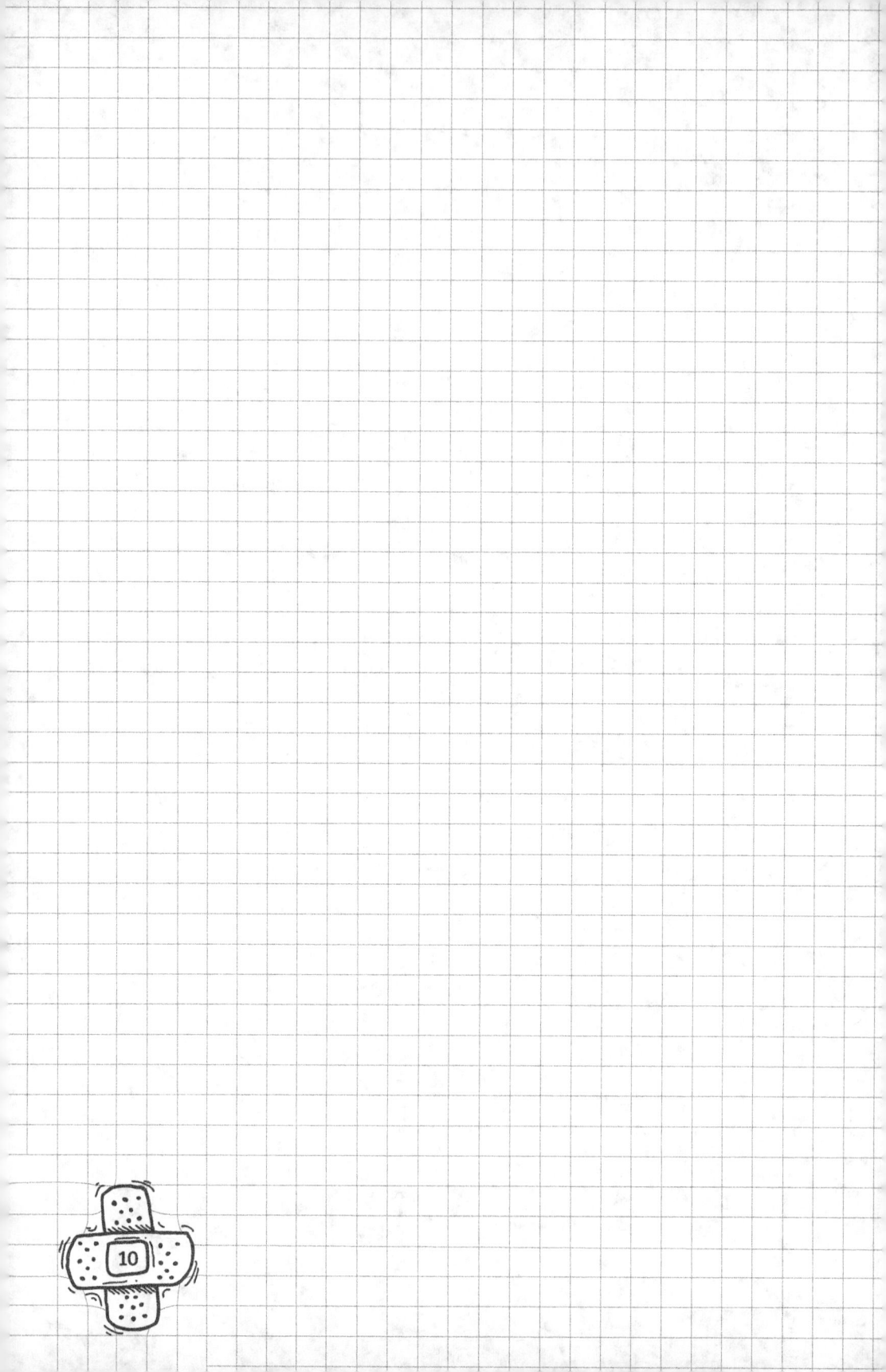

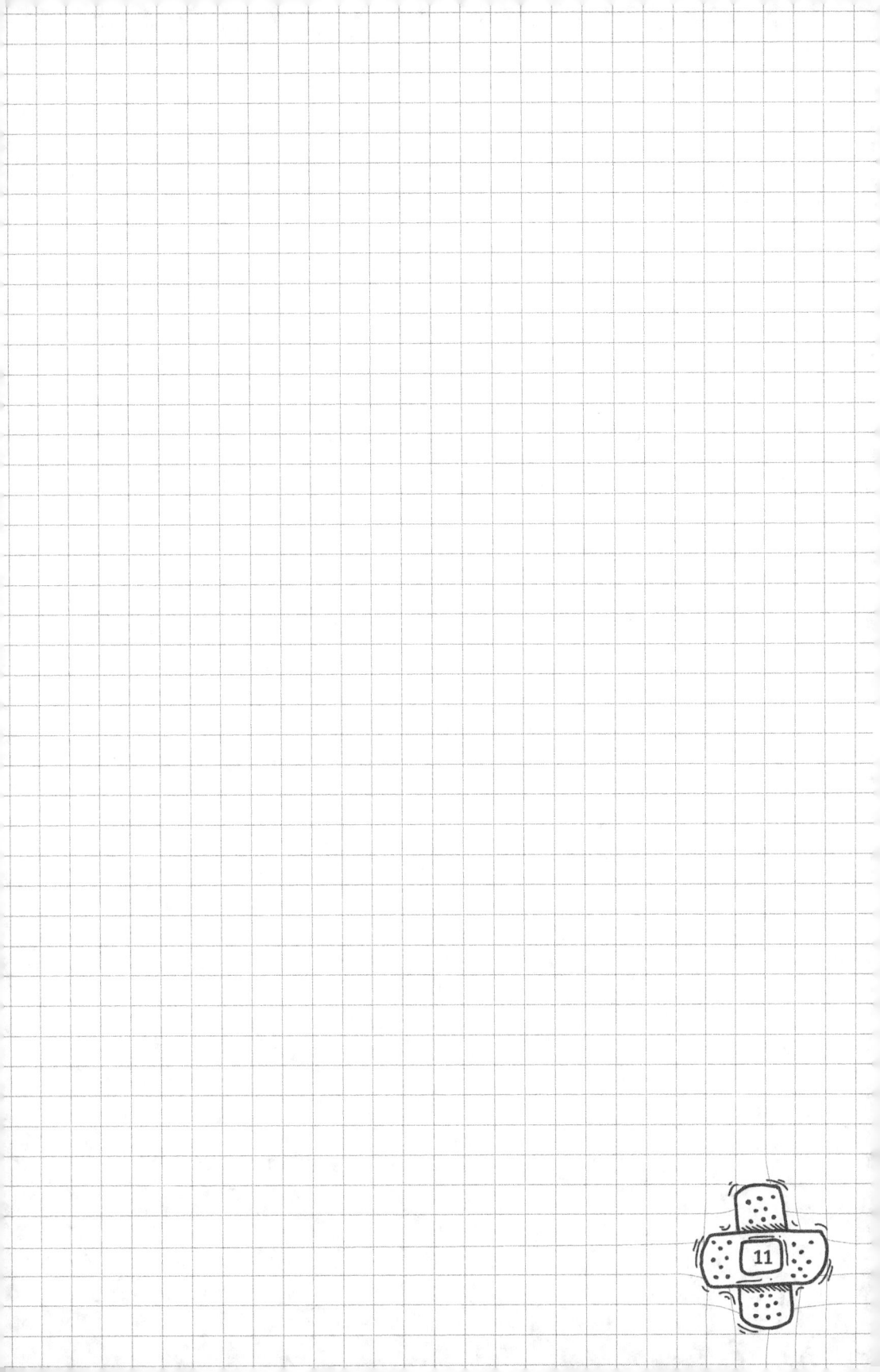

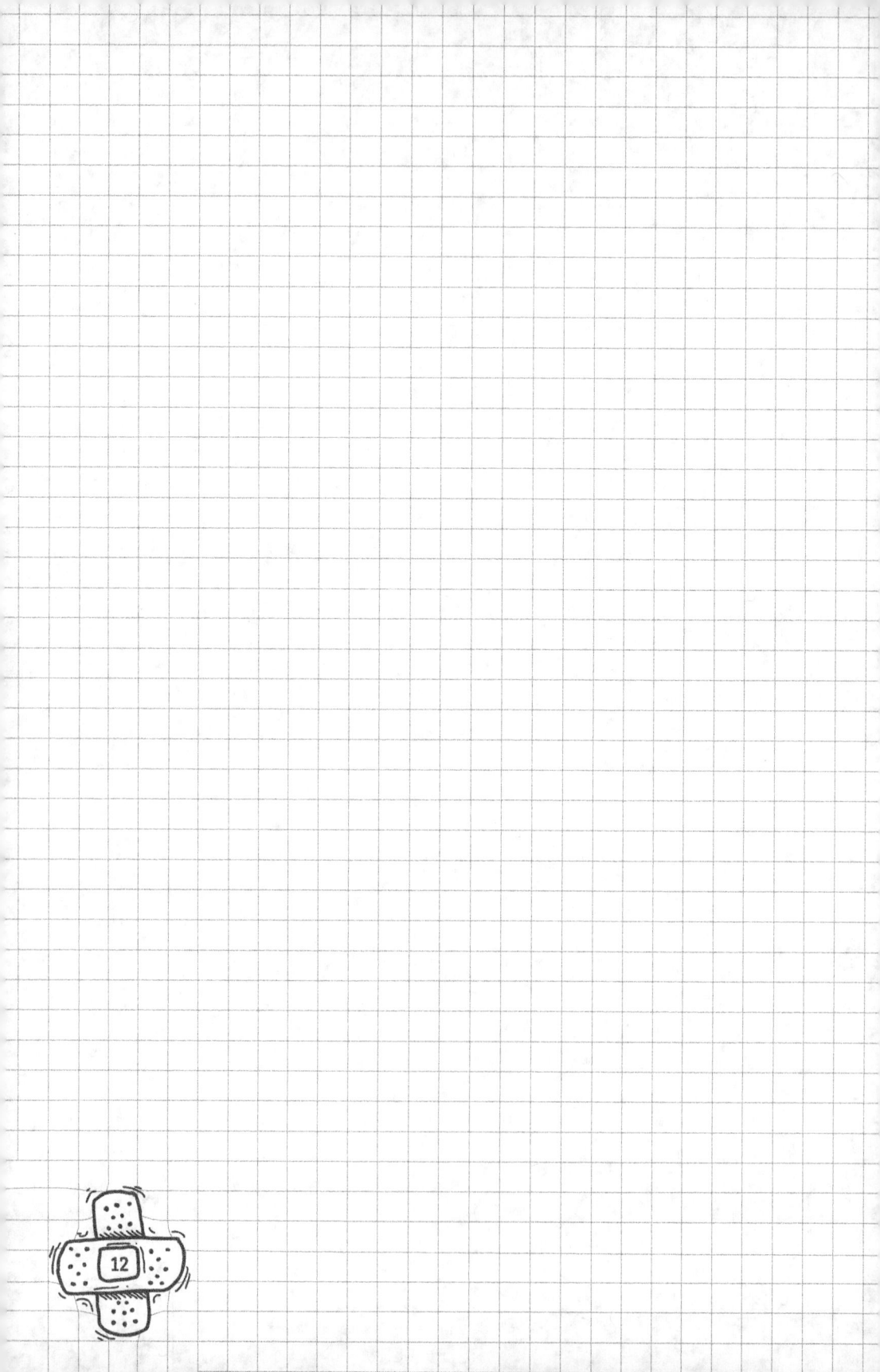

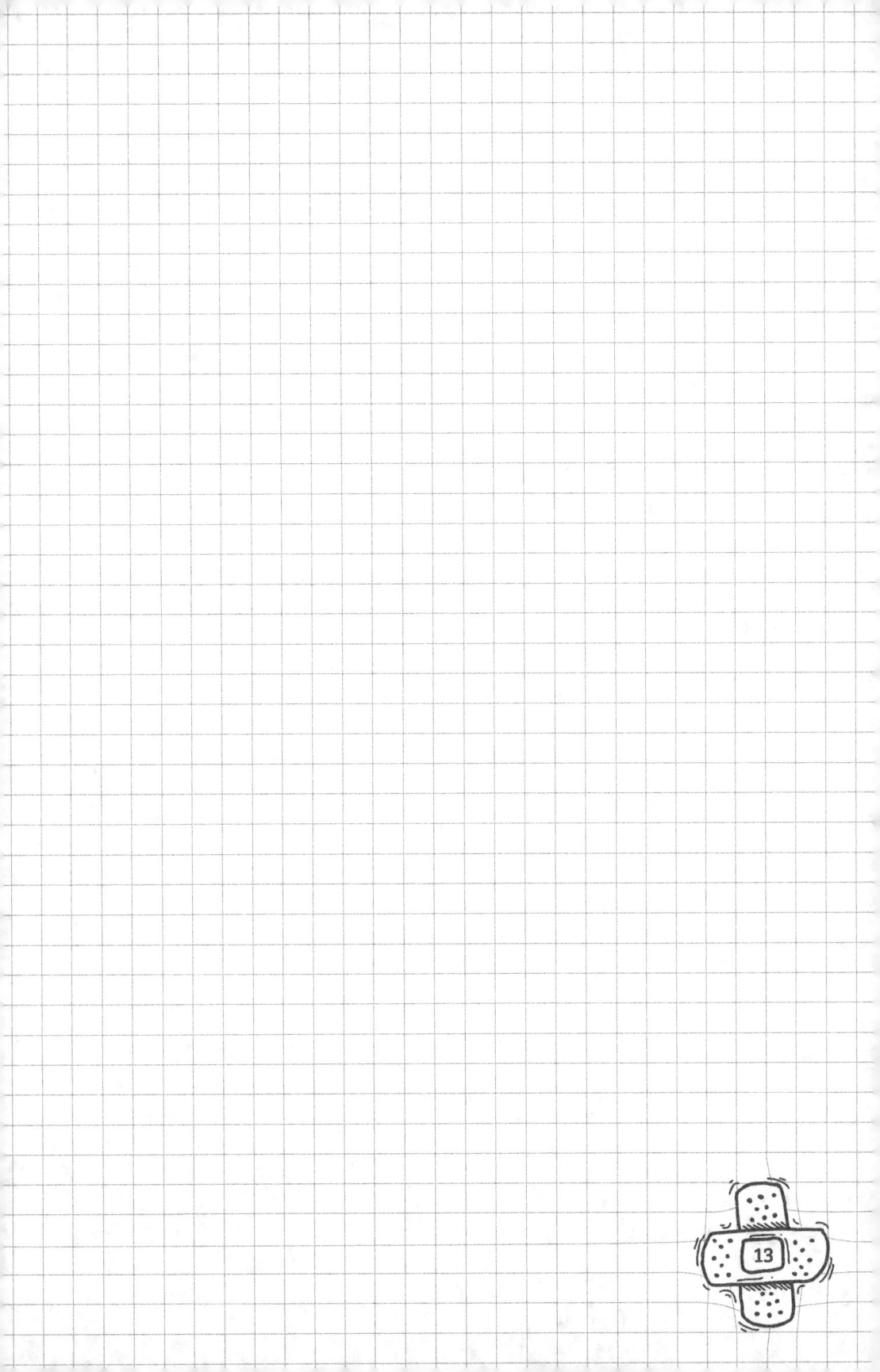

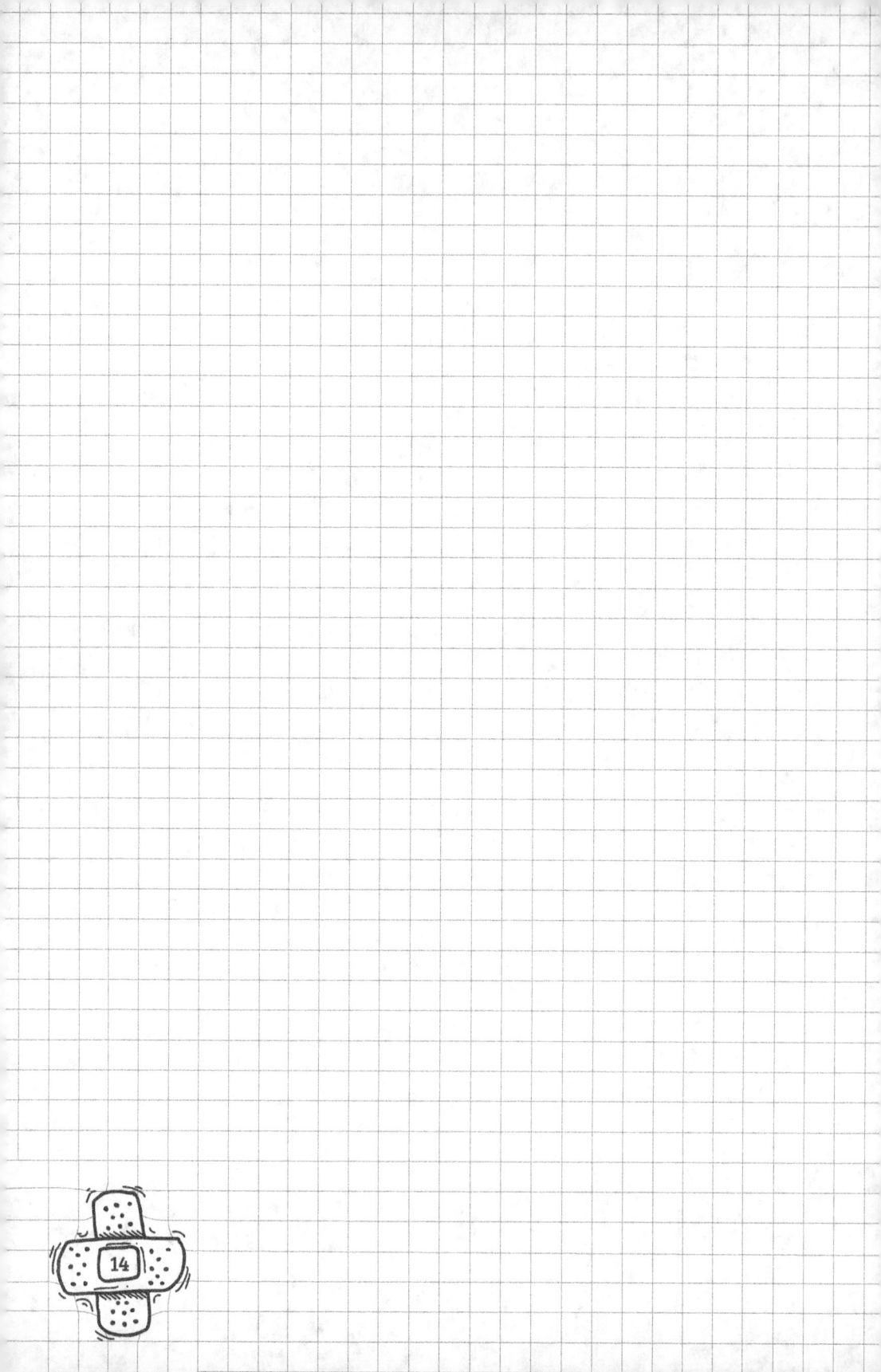

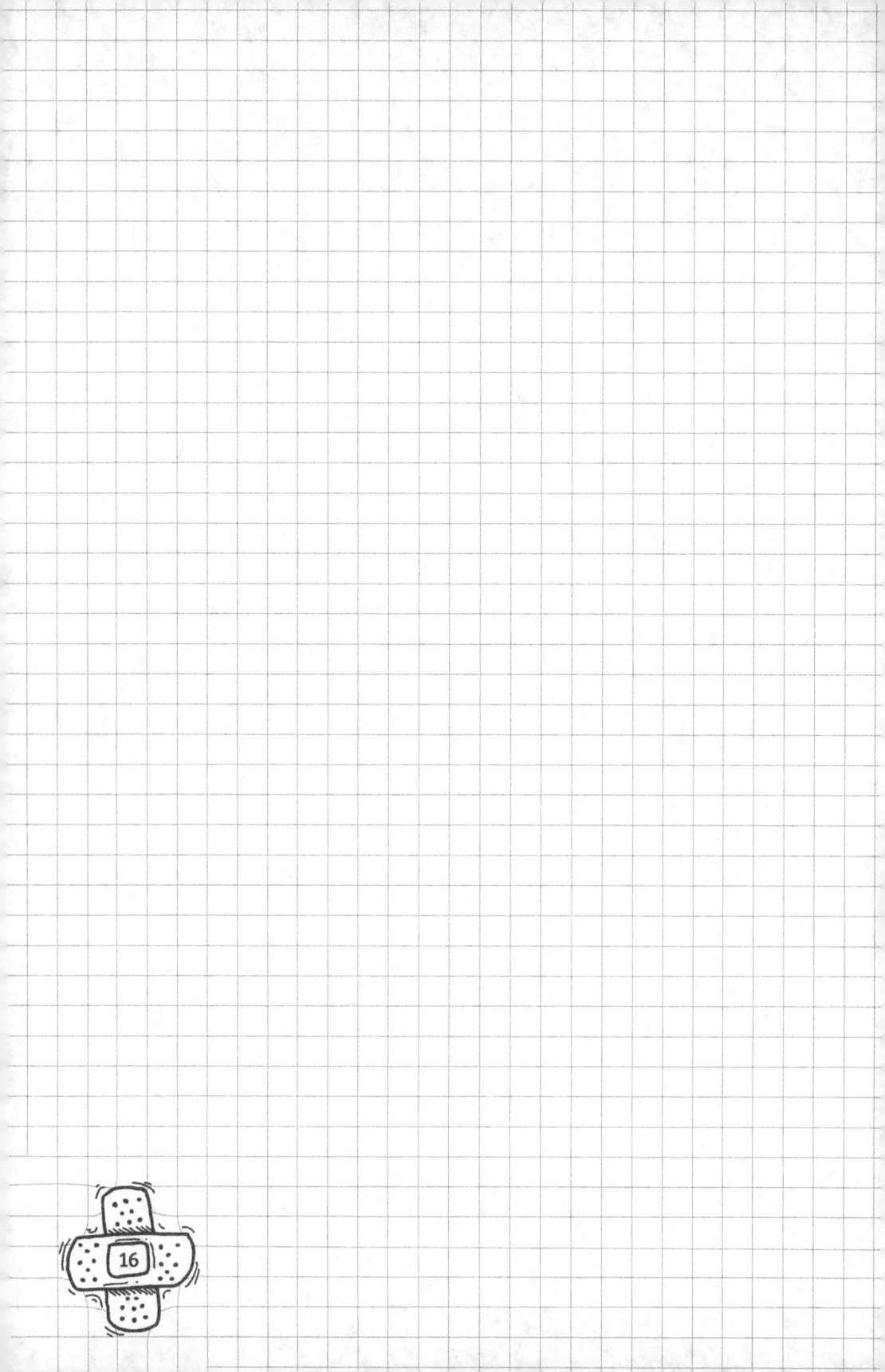

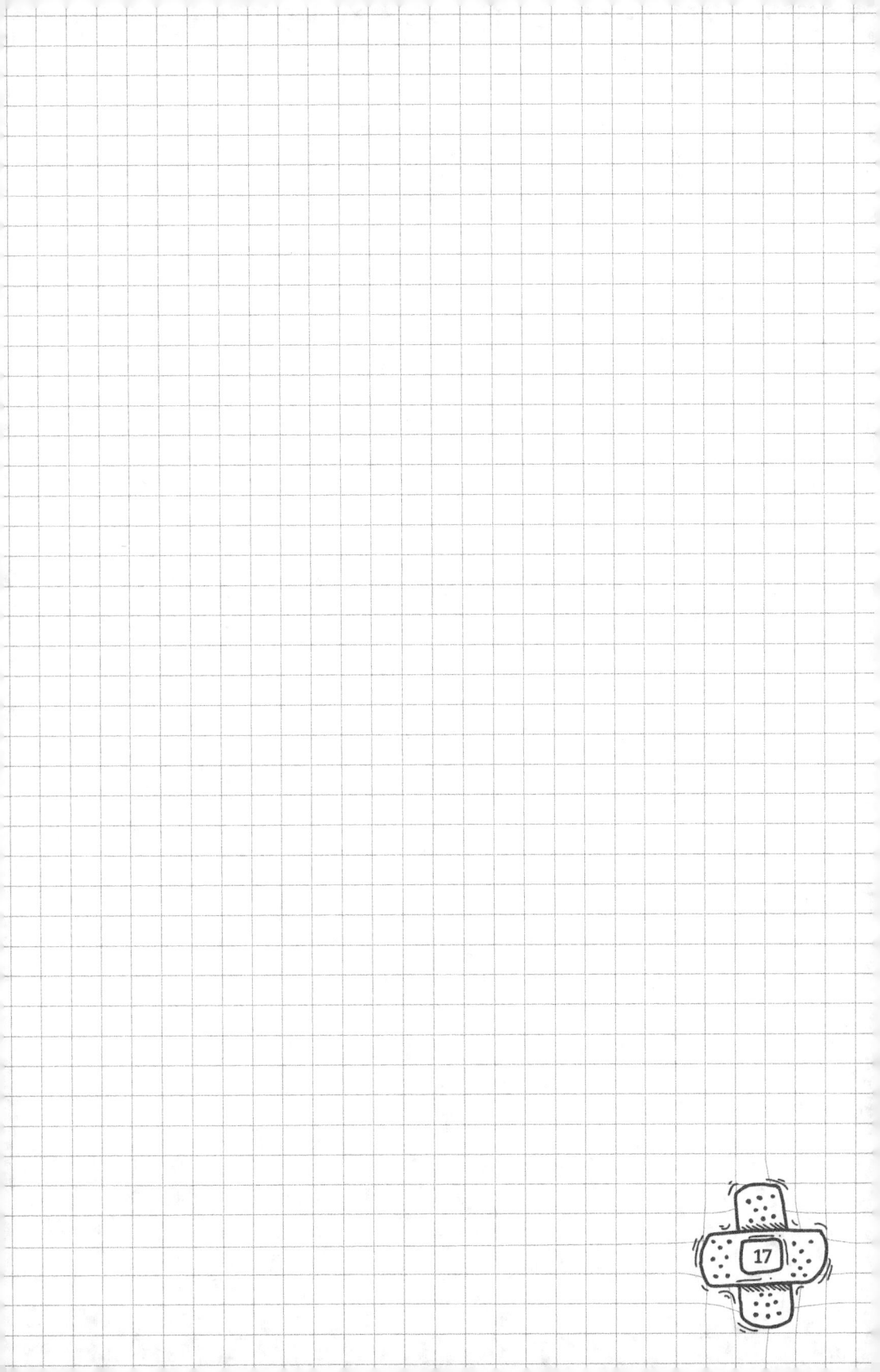

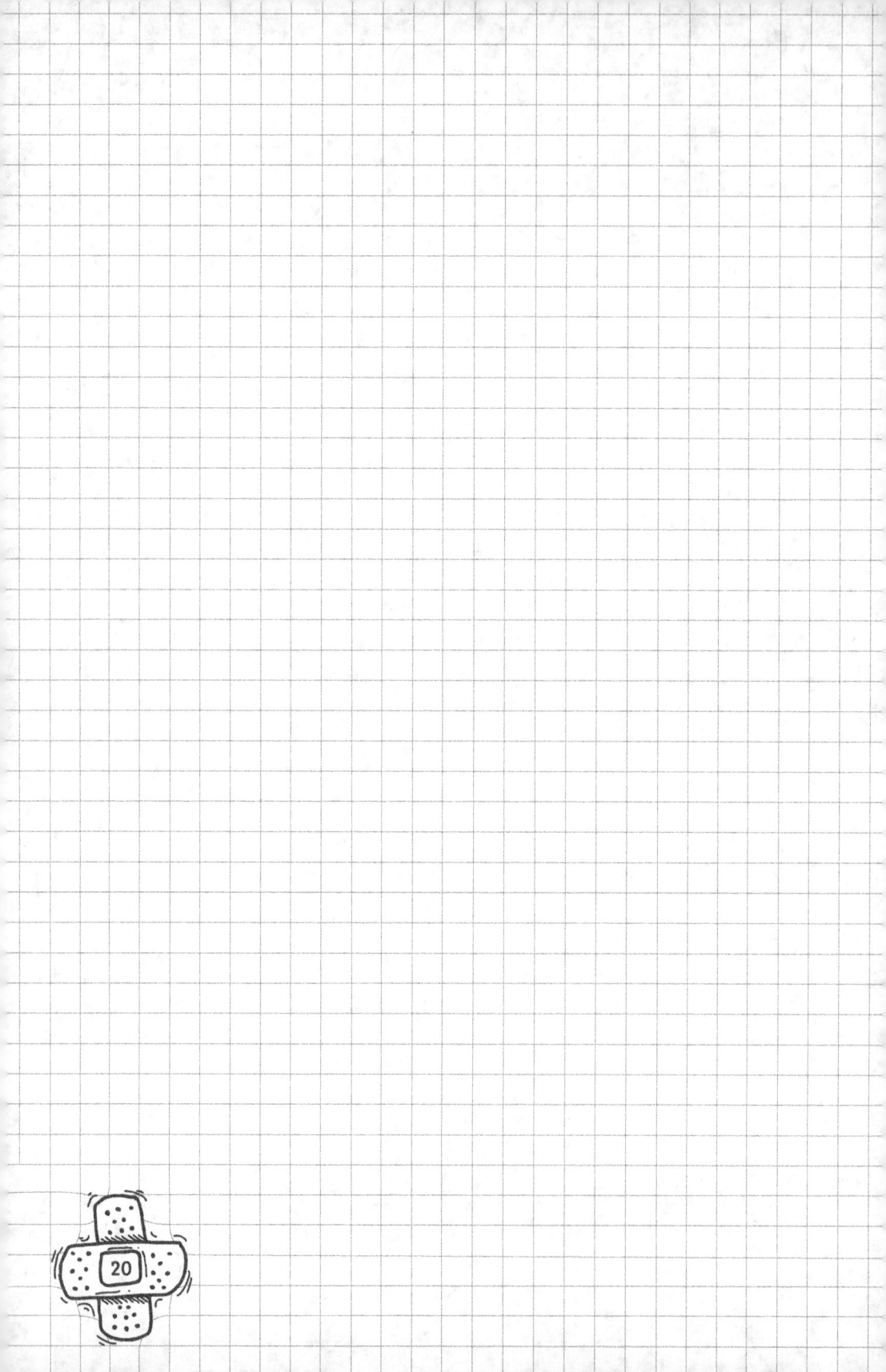

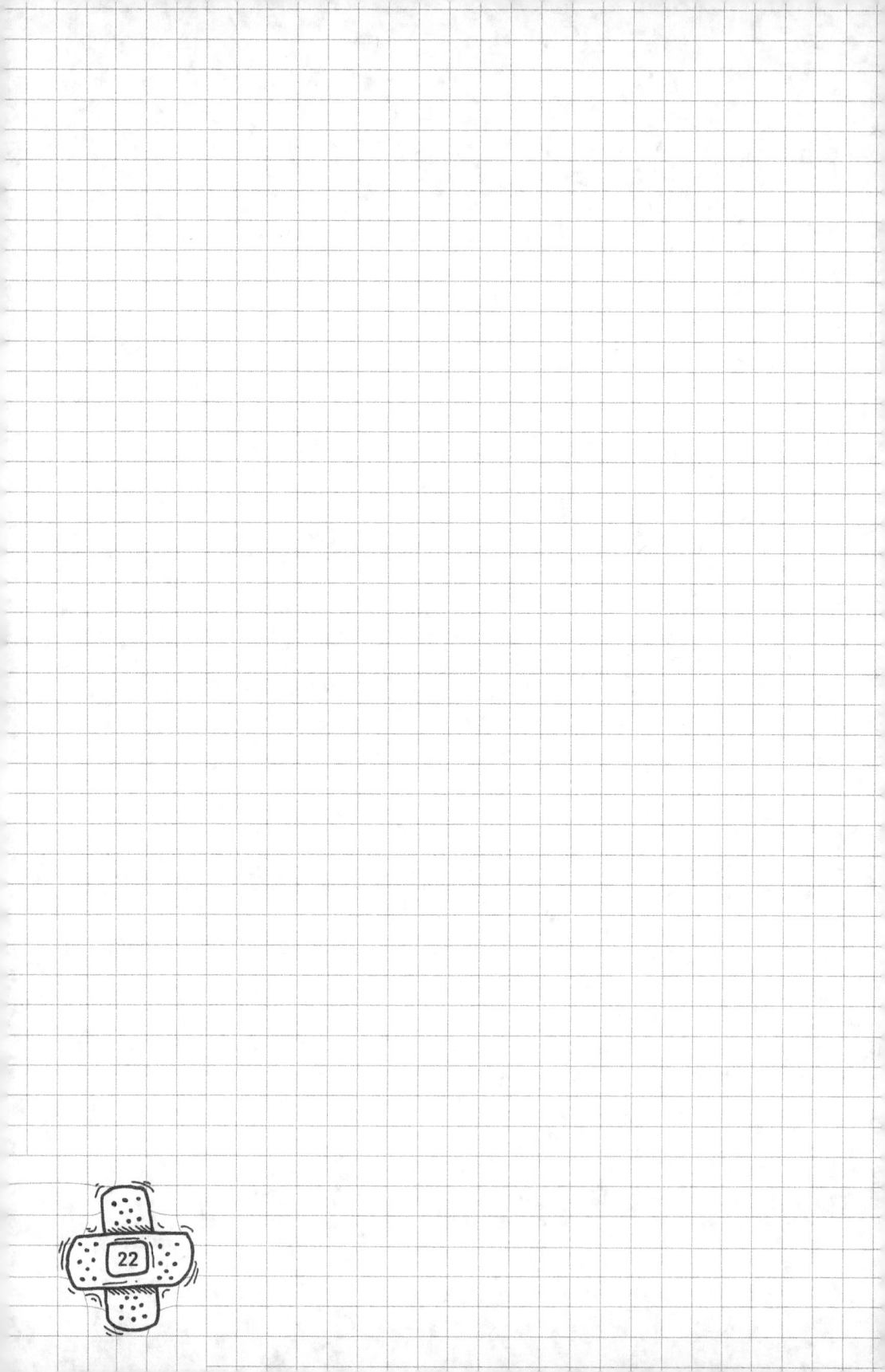

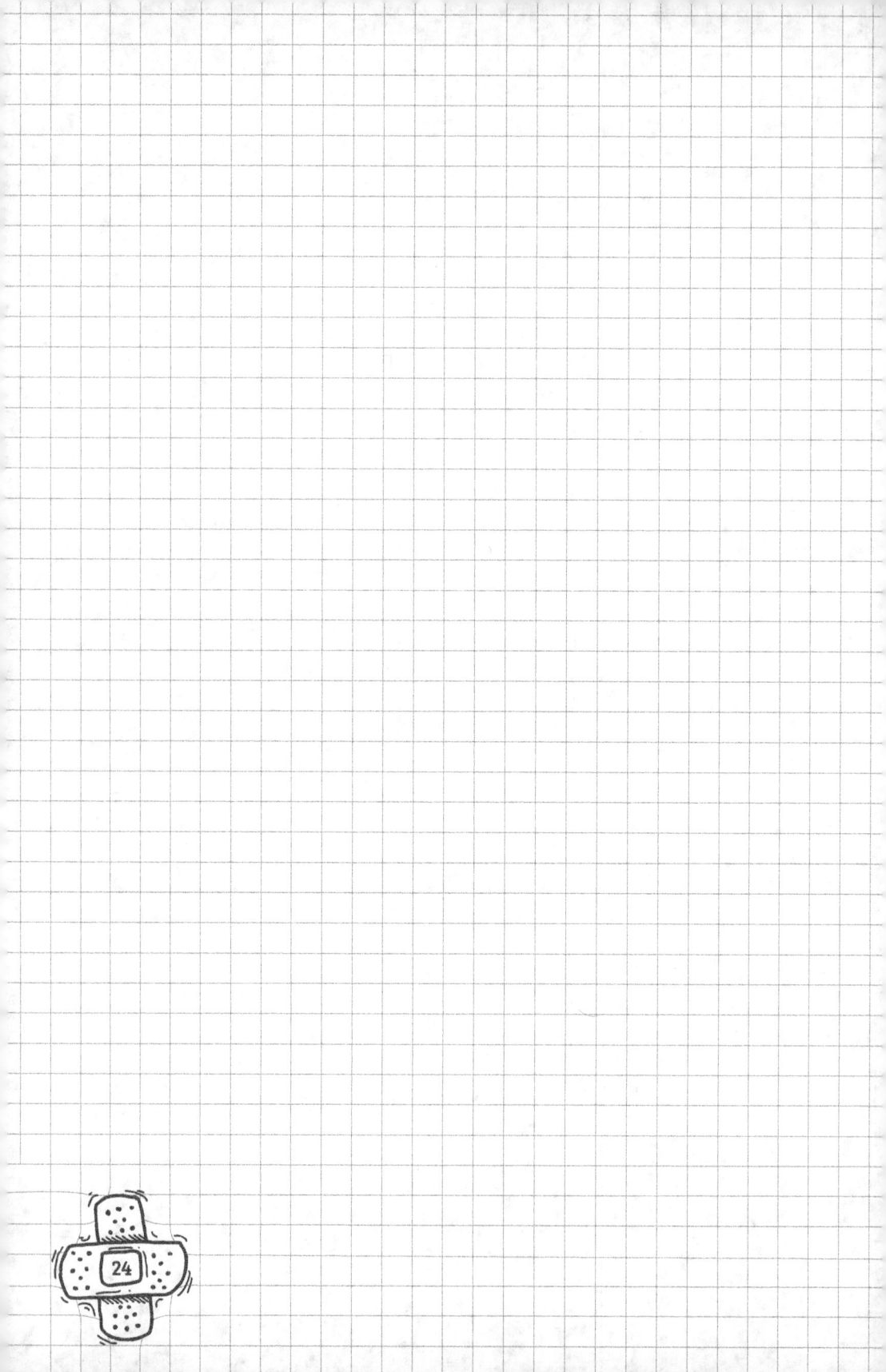

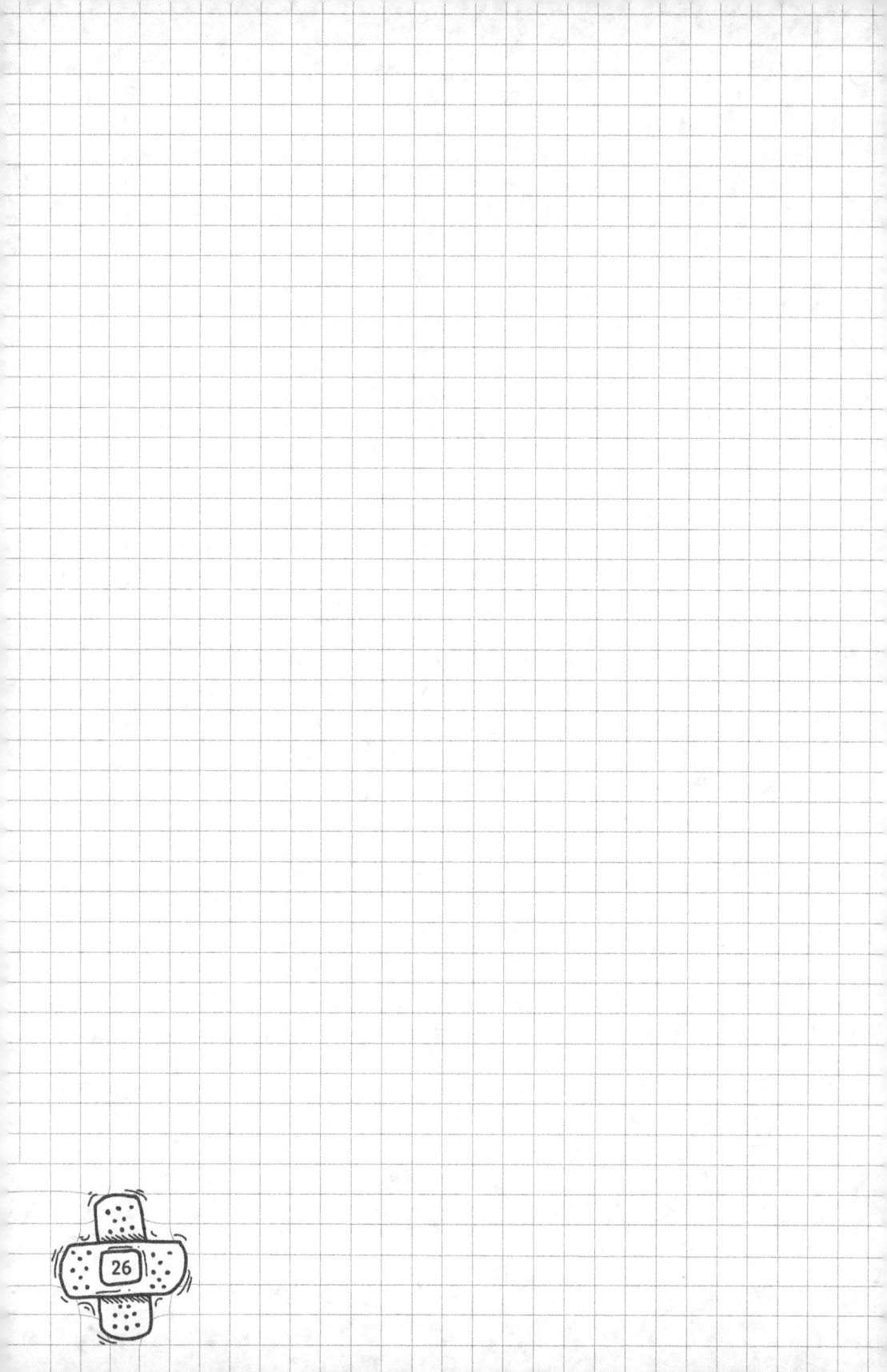

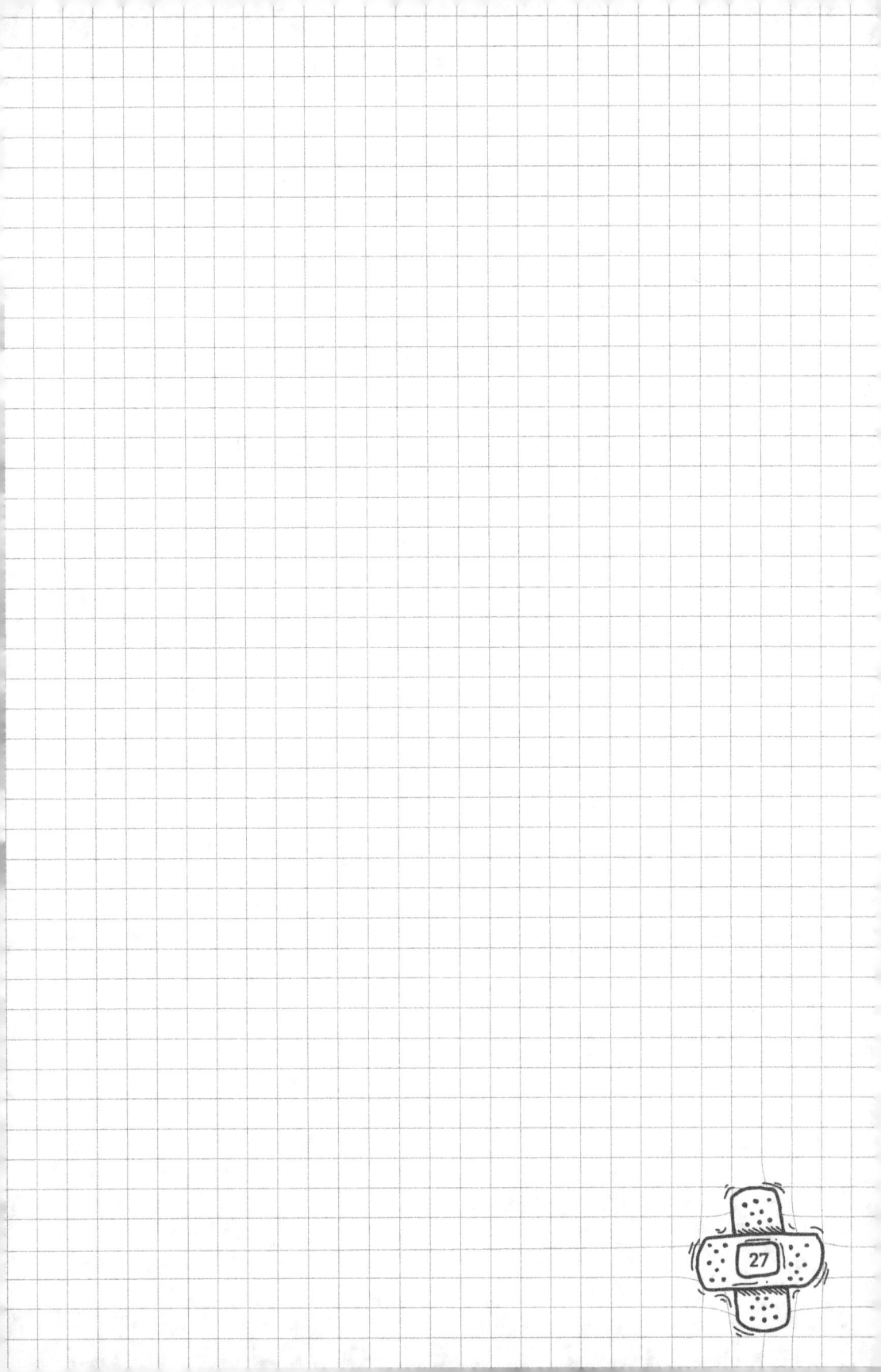

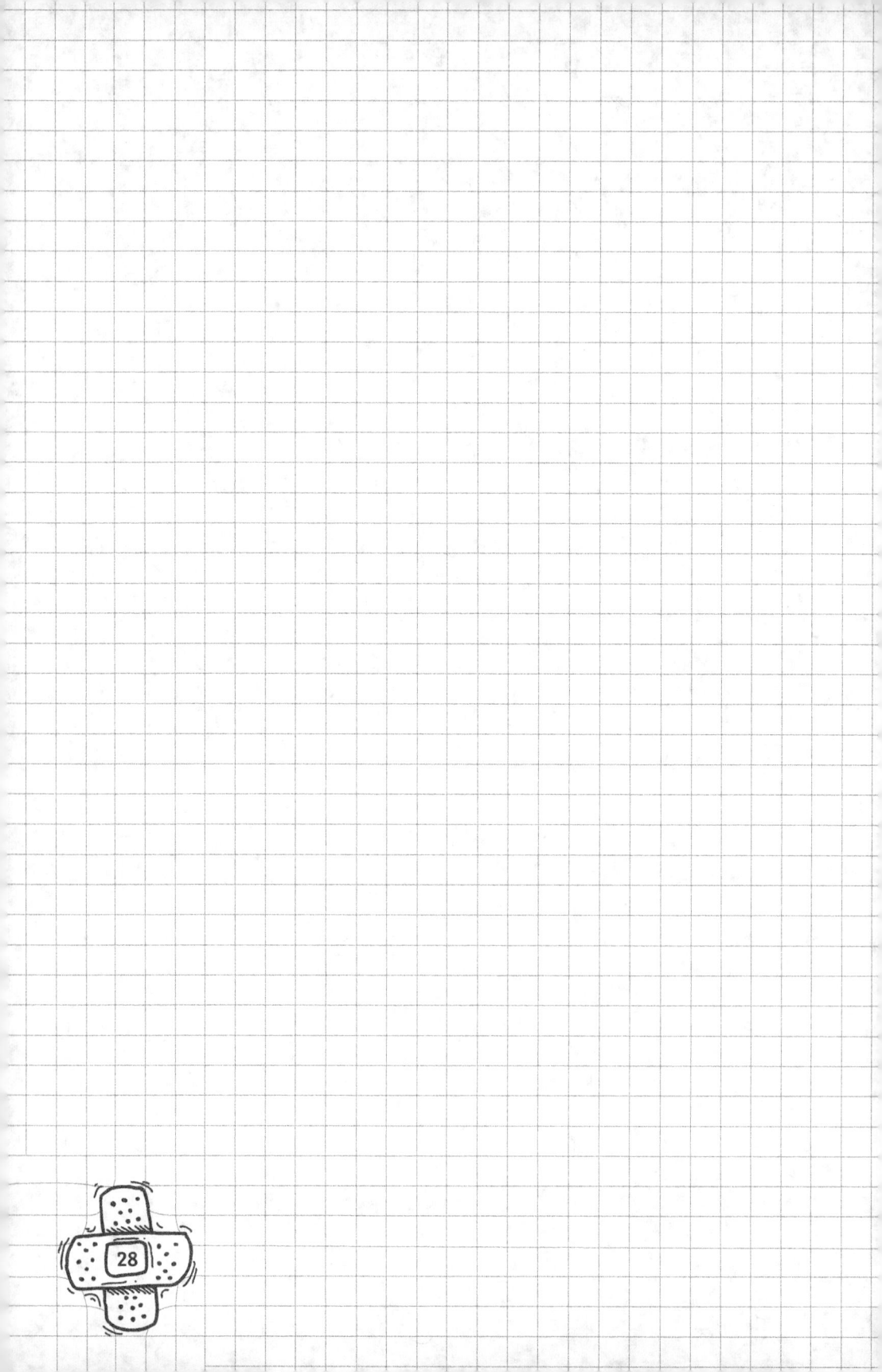

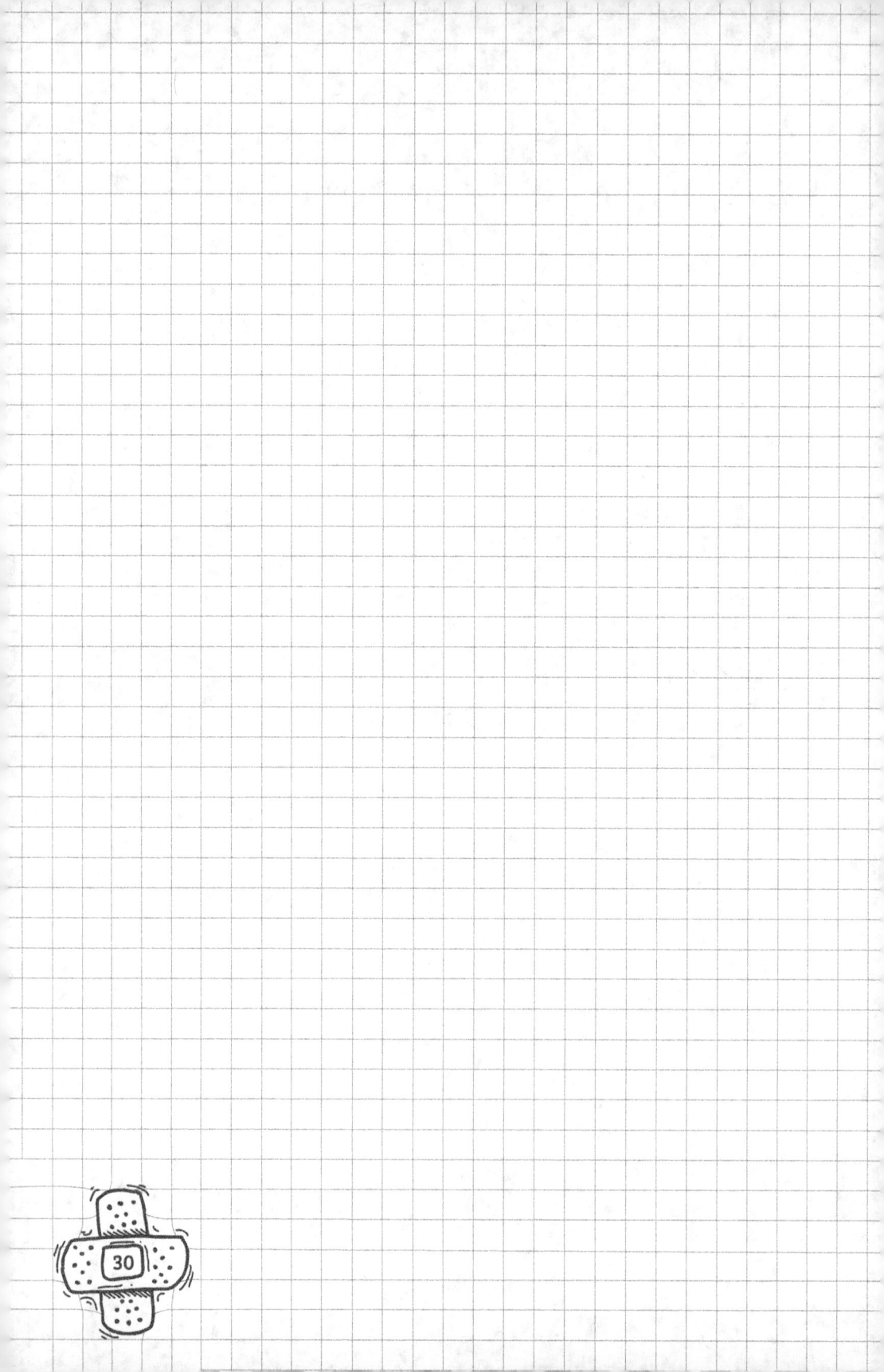

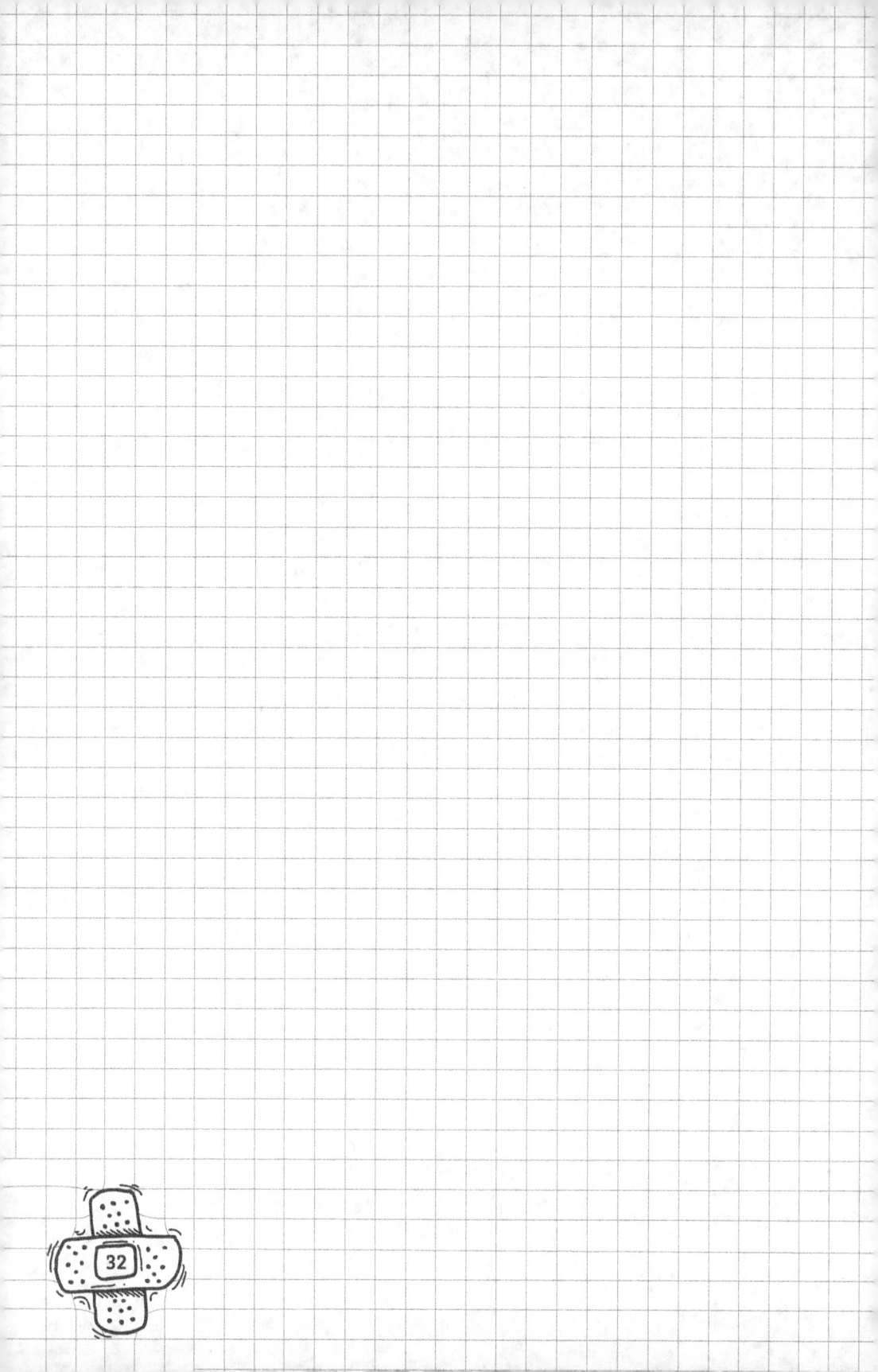

33

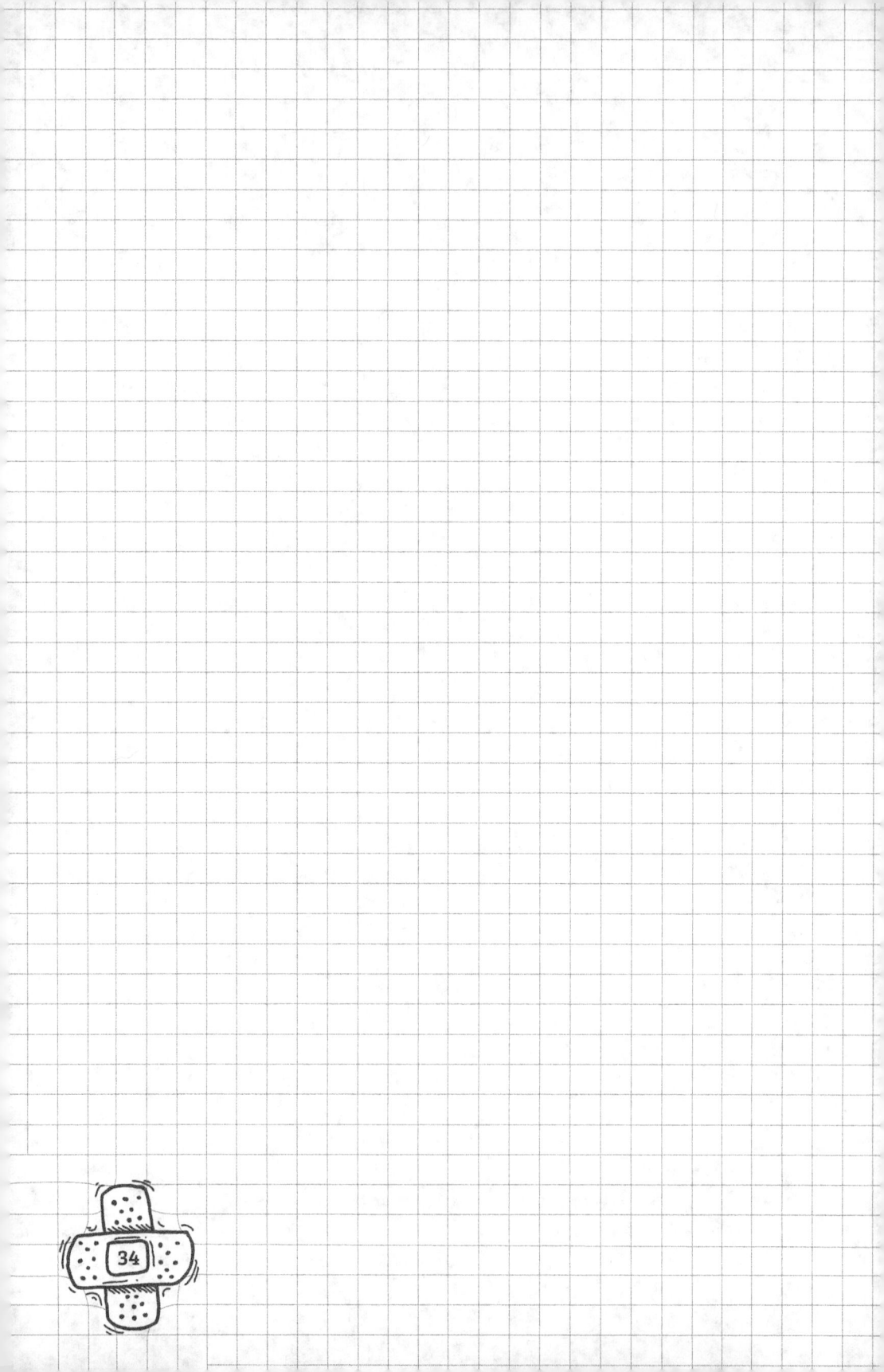

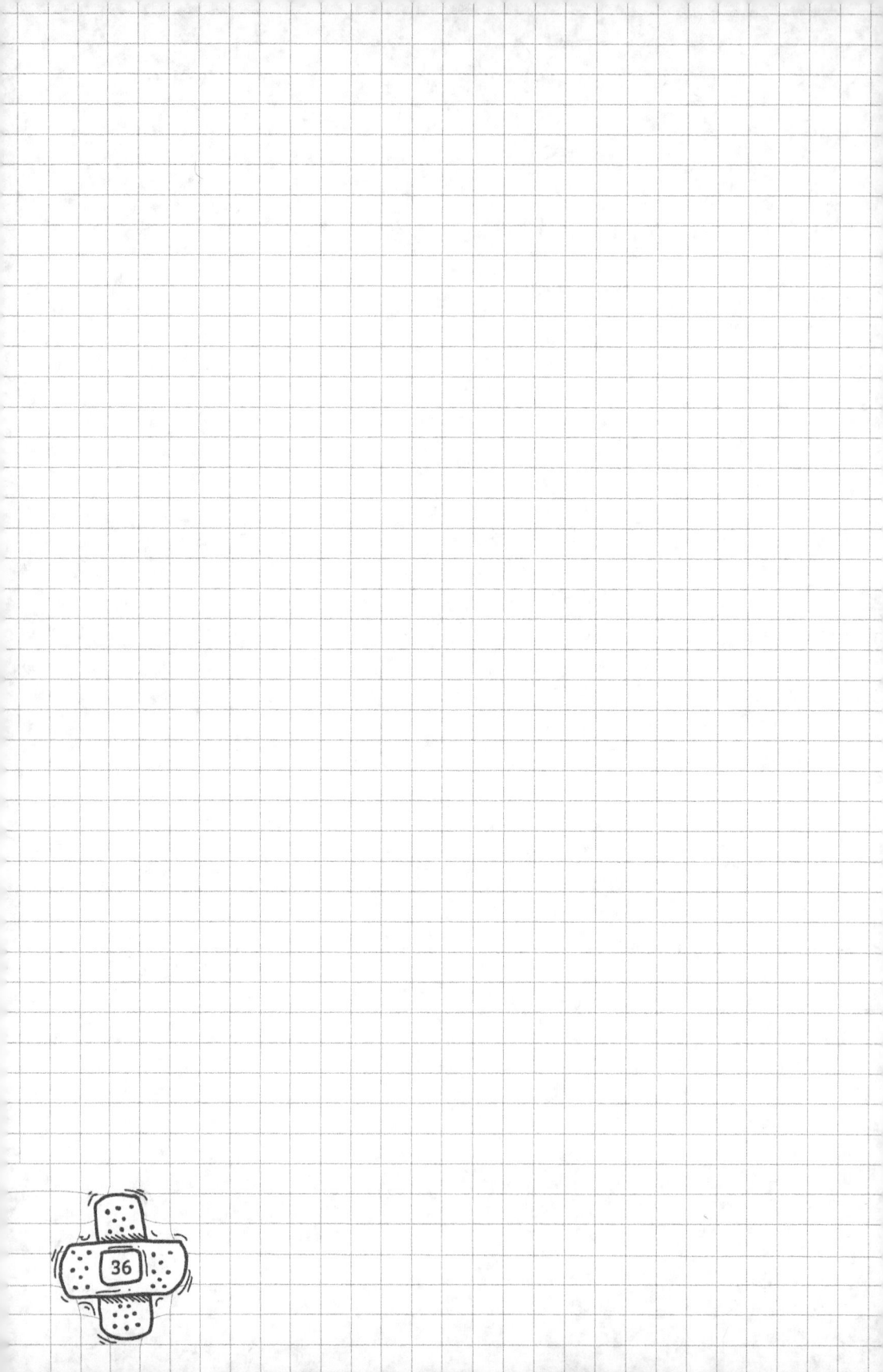

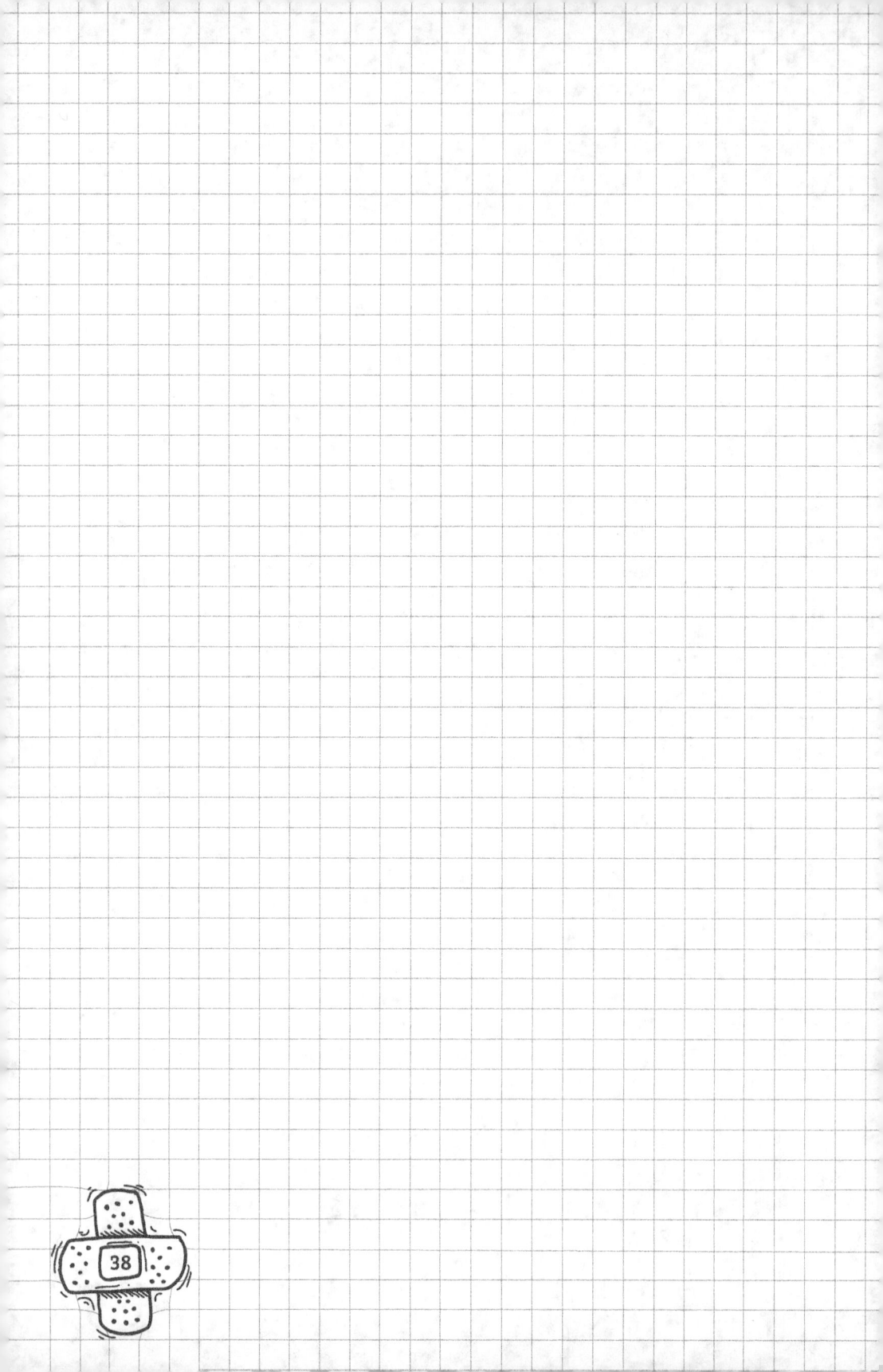

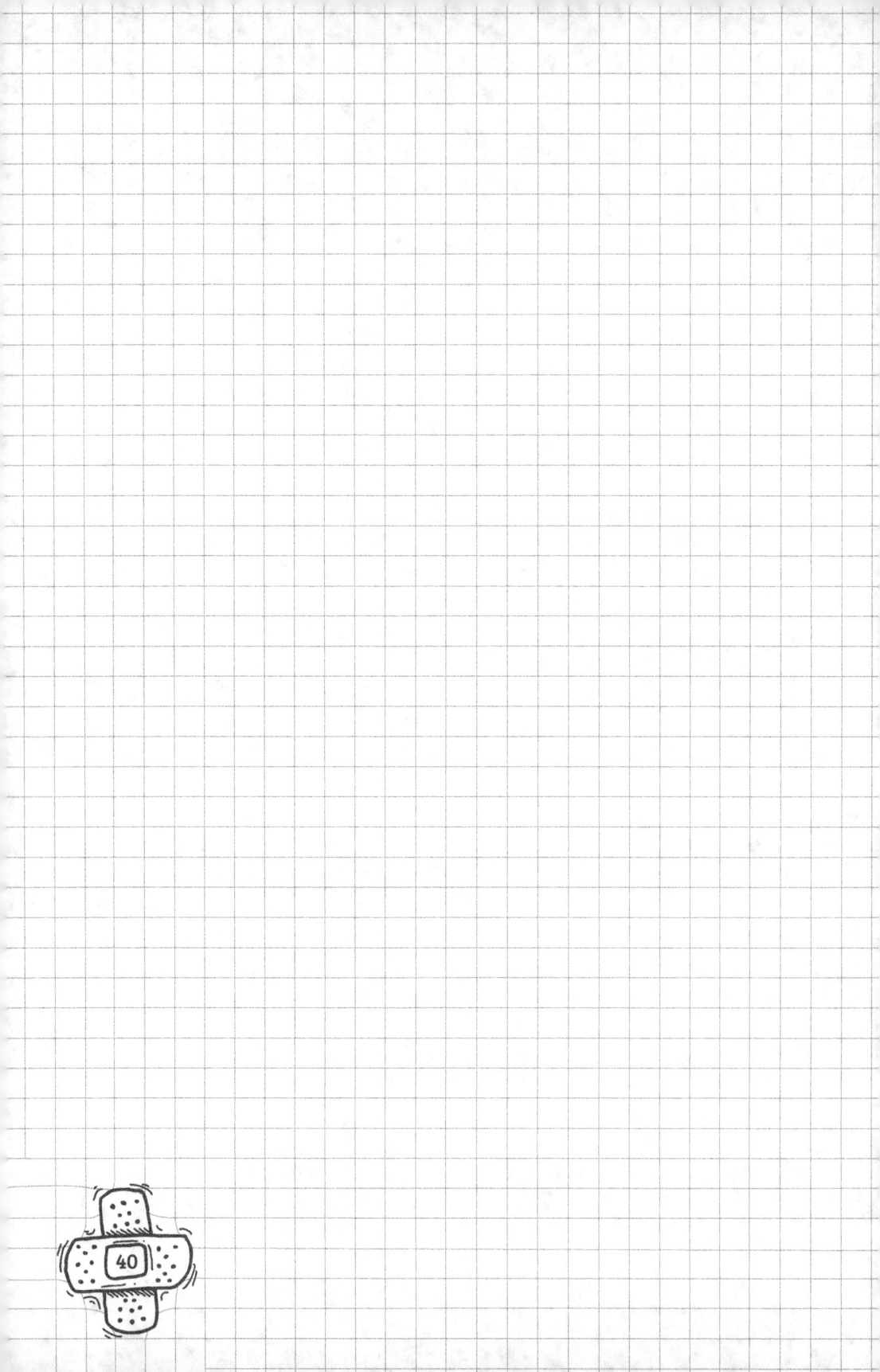

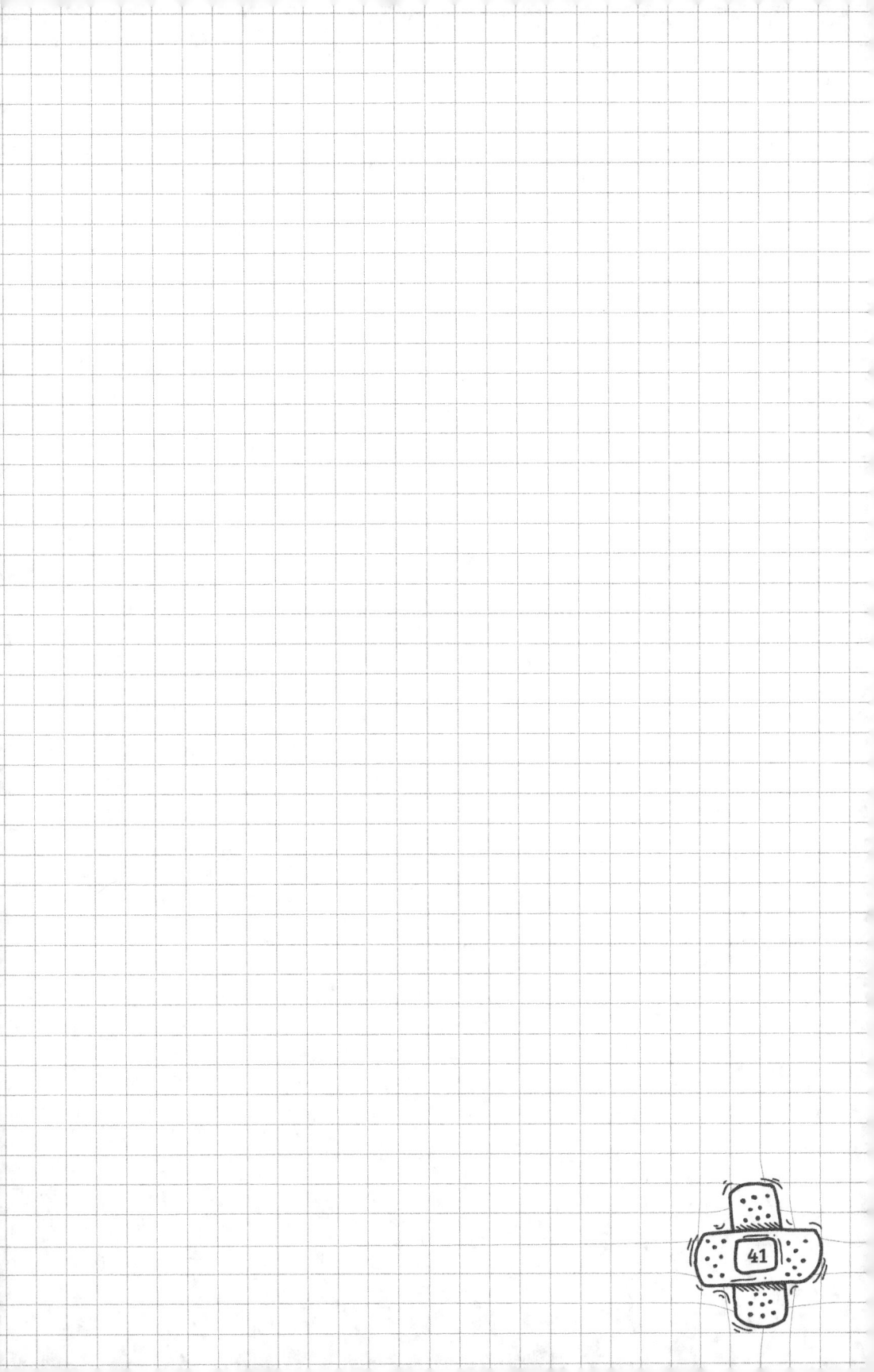

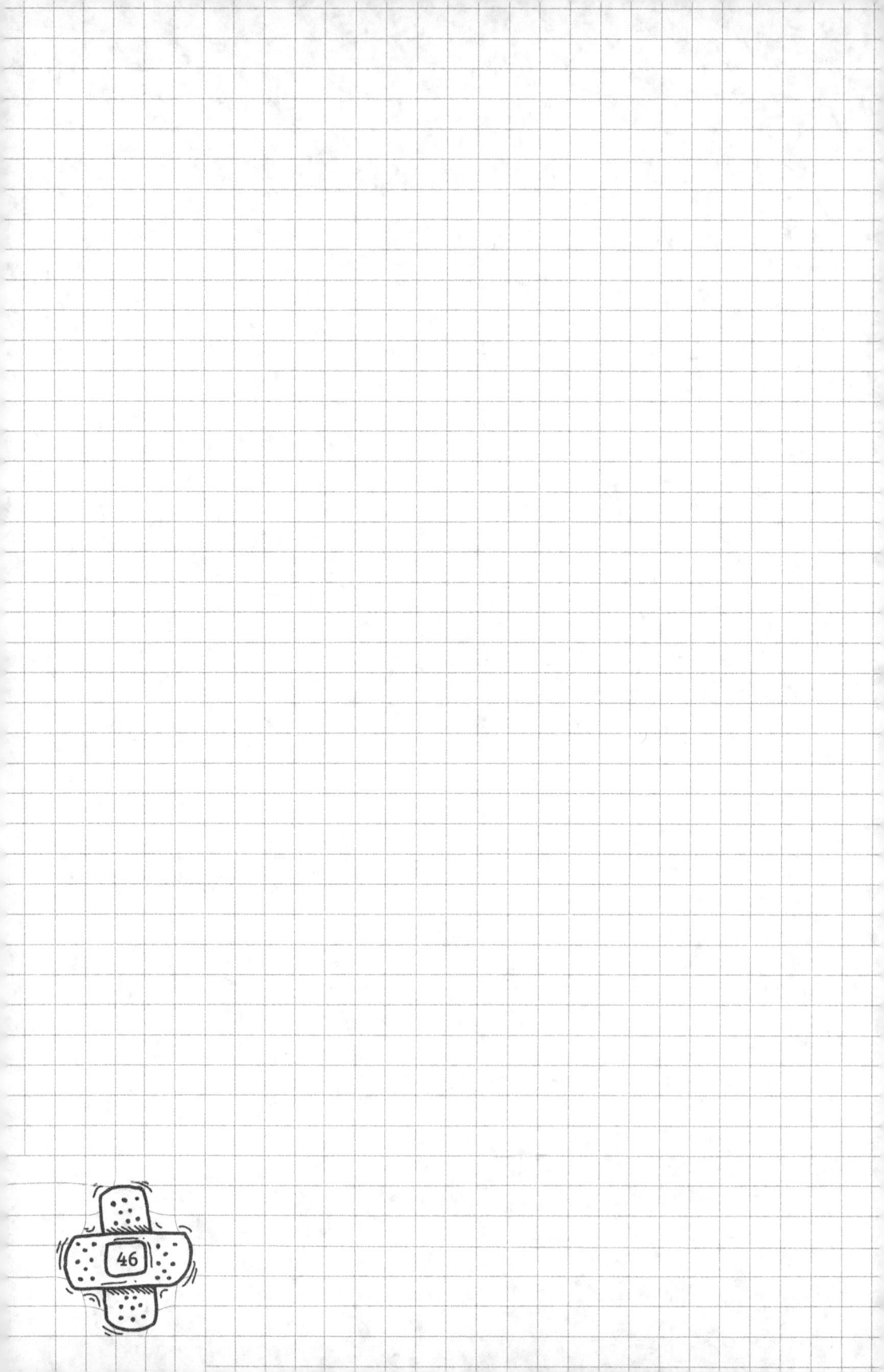

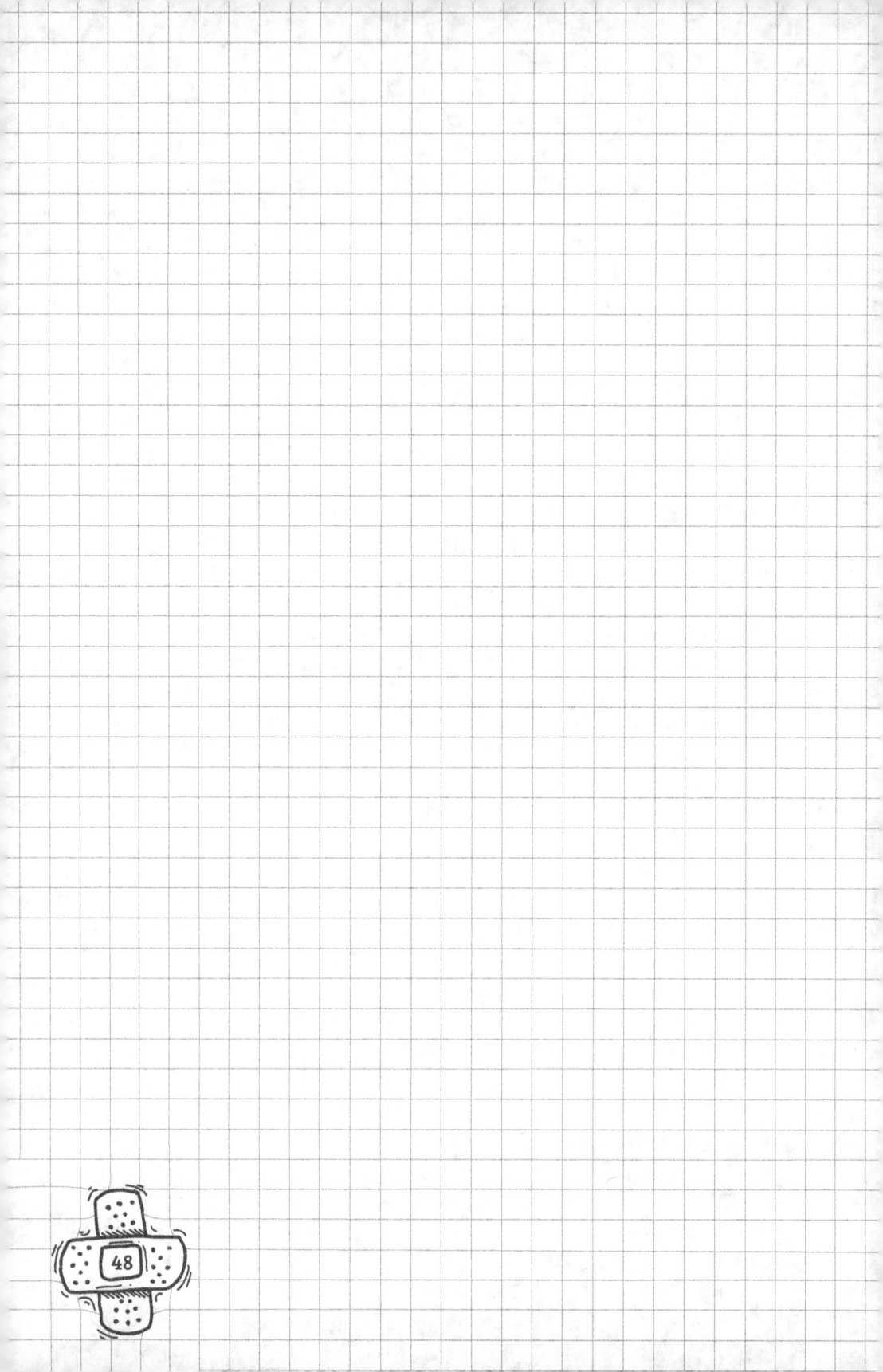

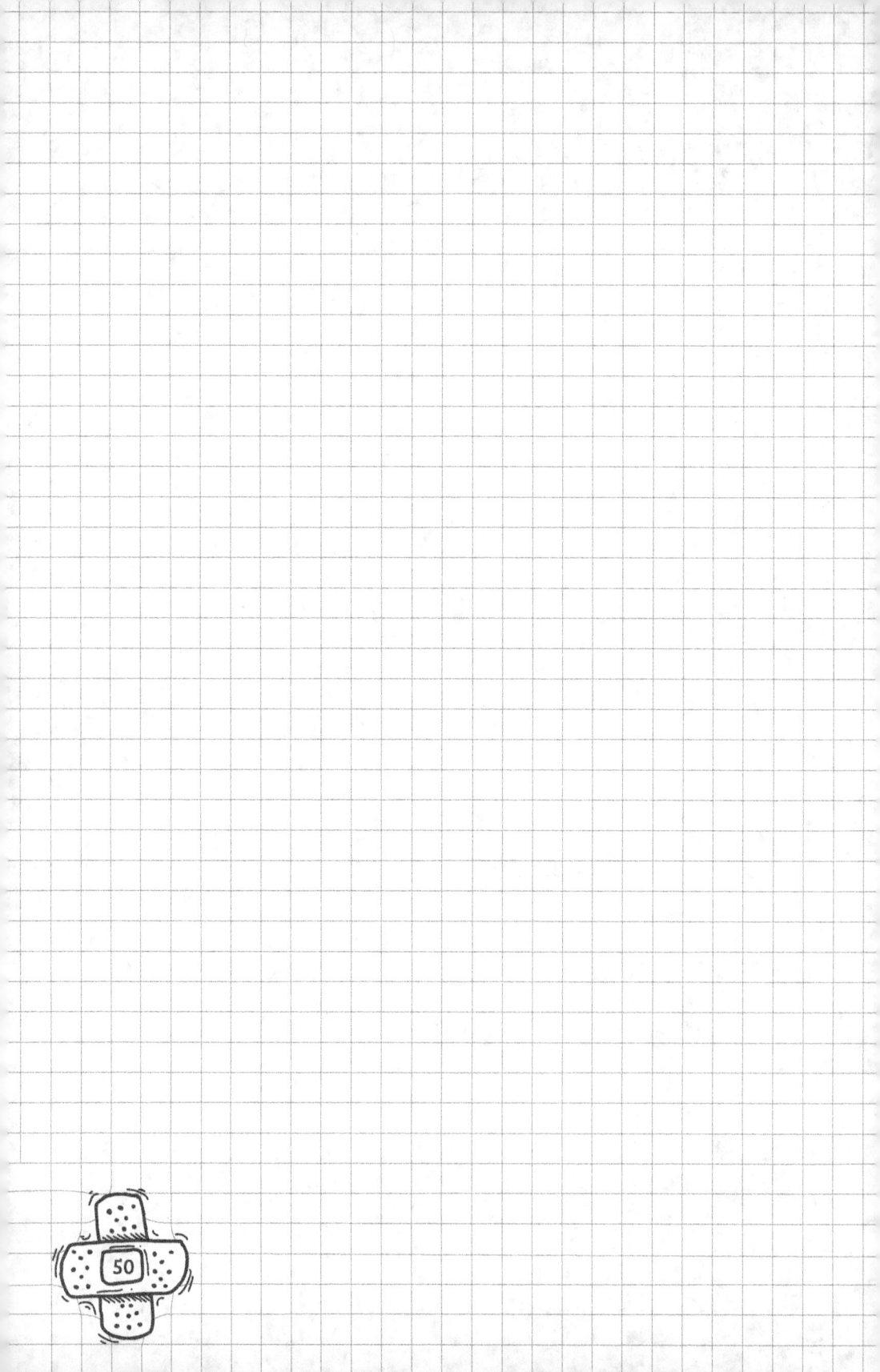

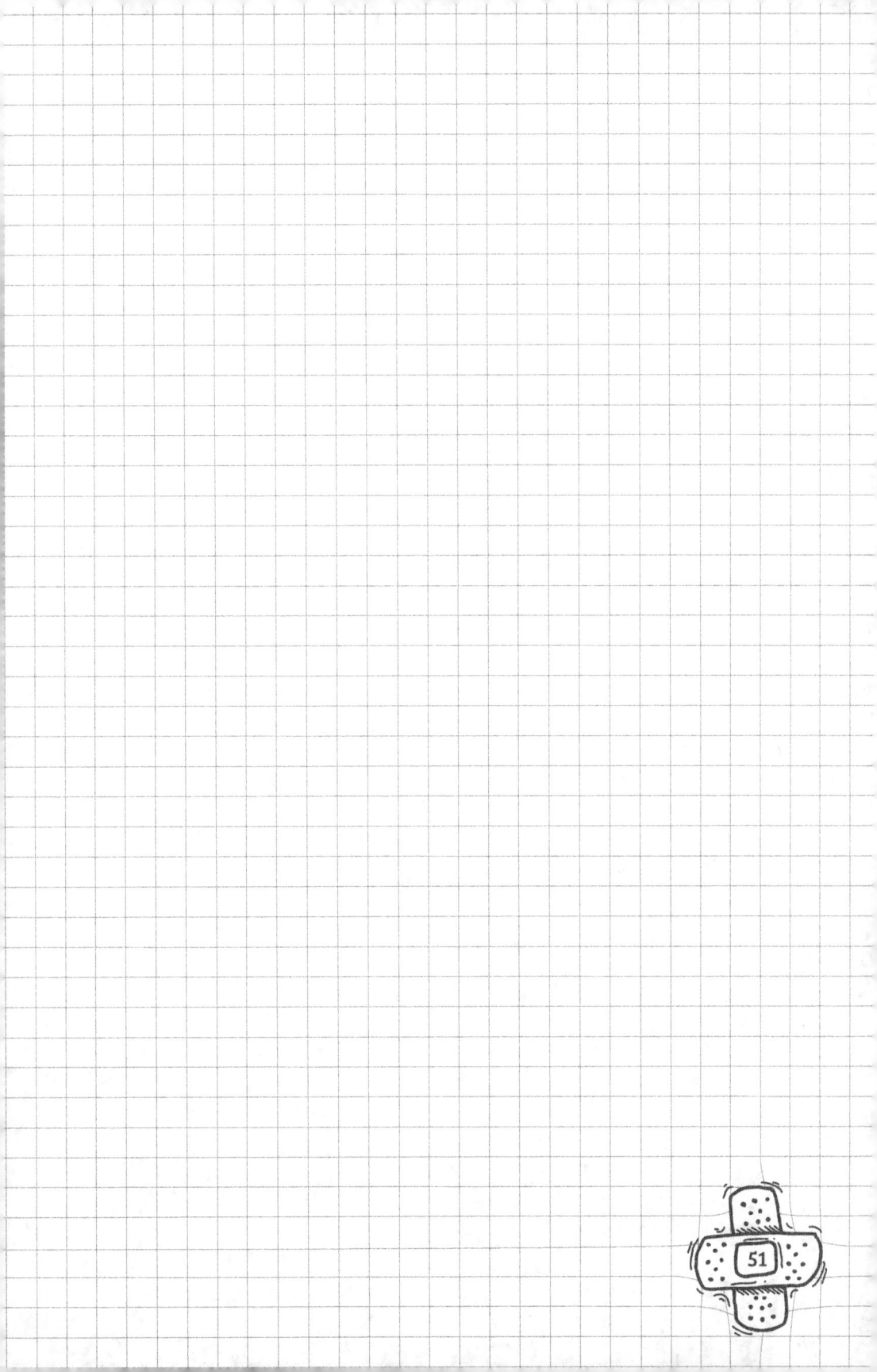

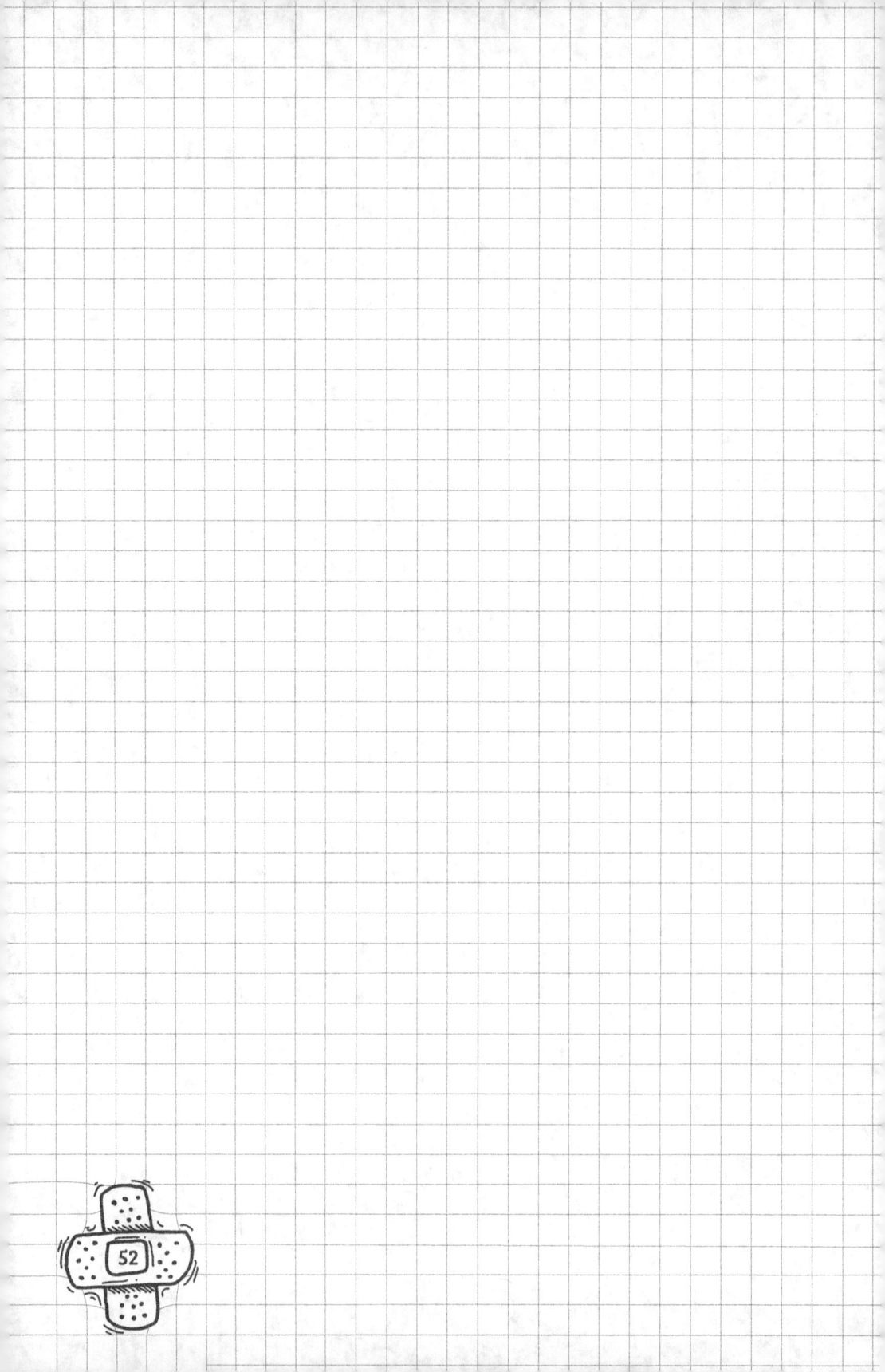

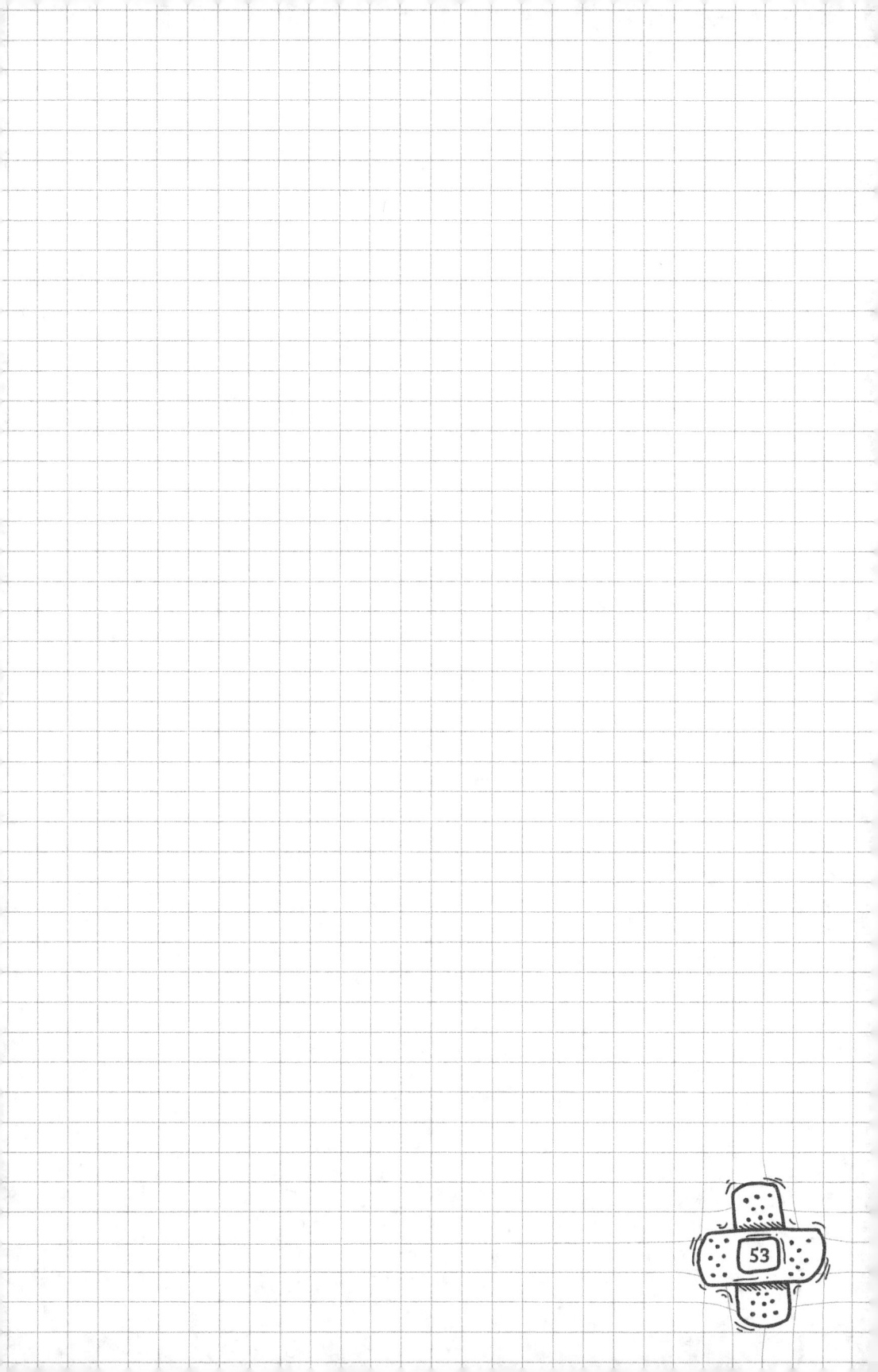

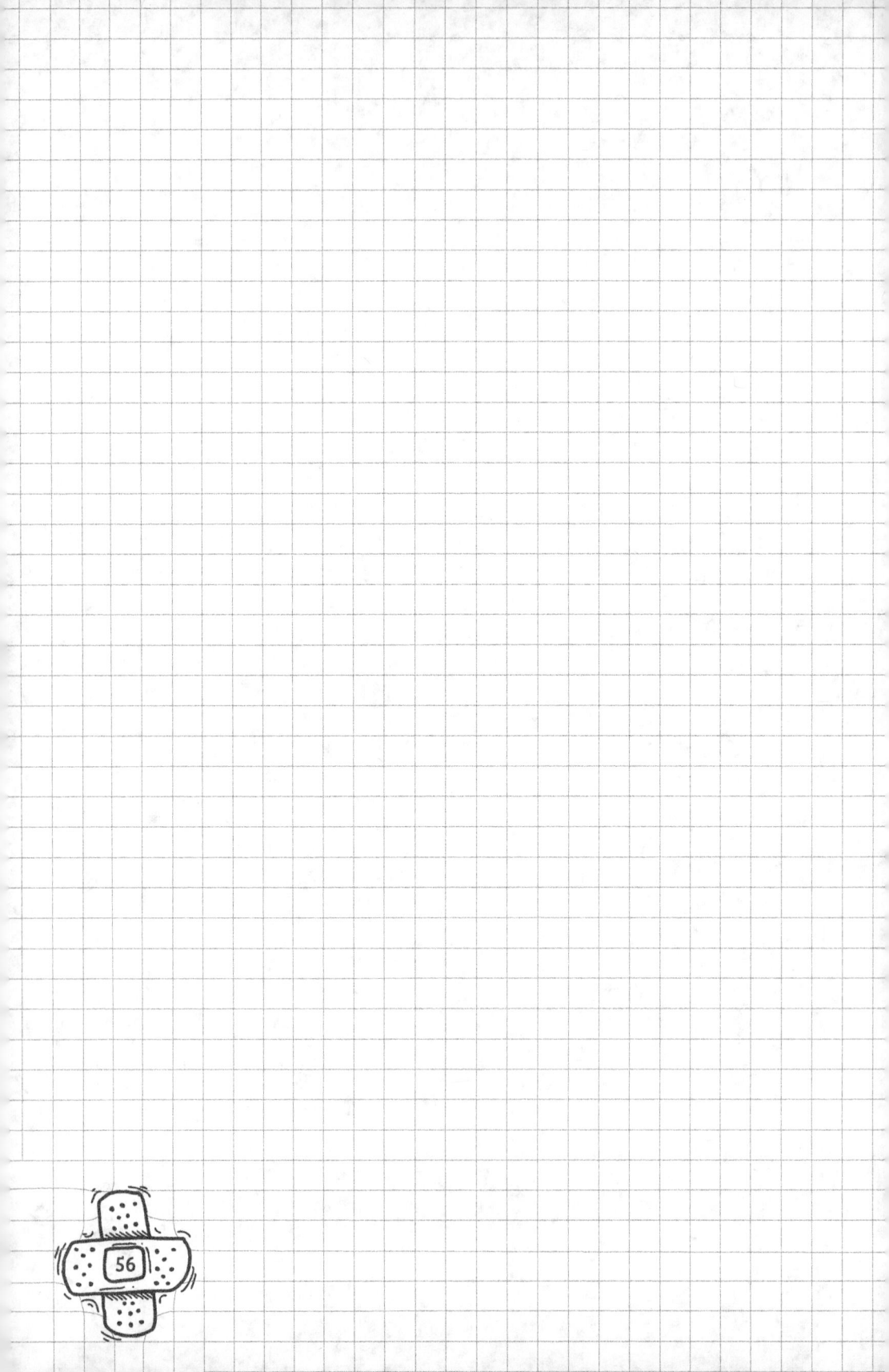

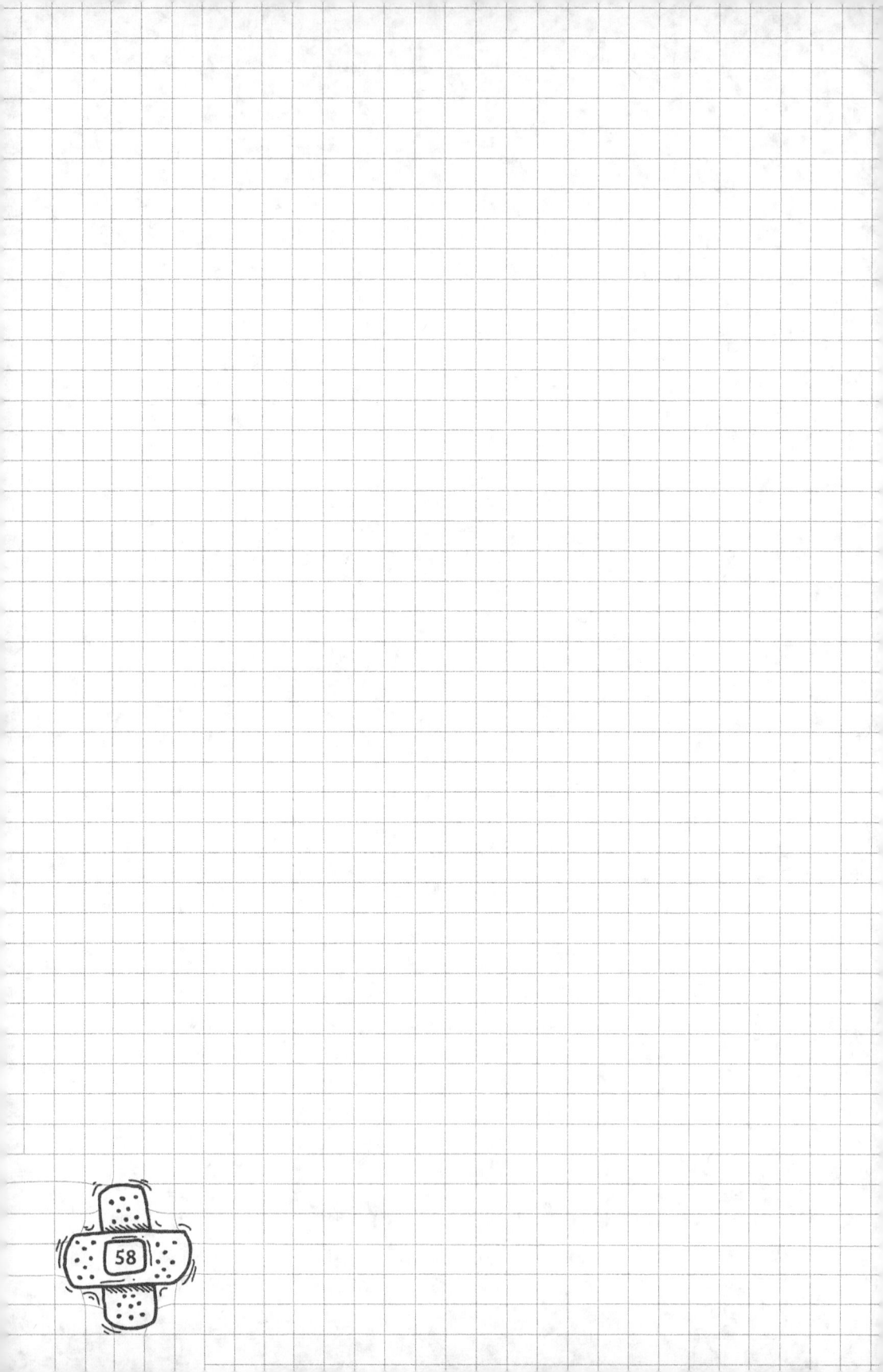

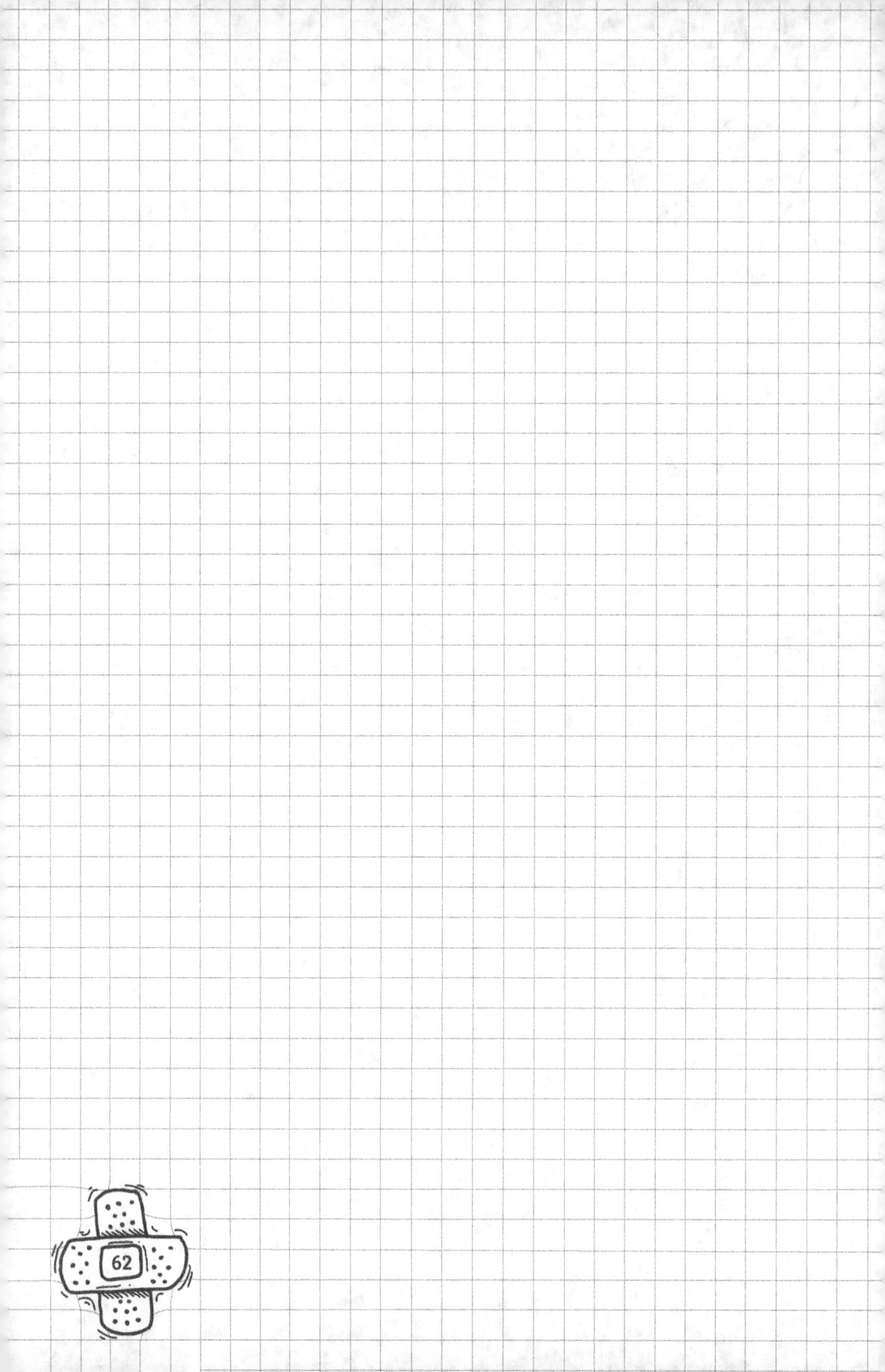

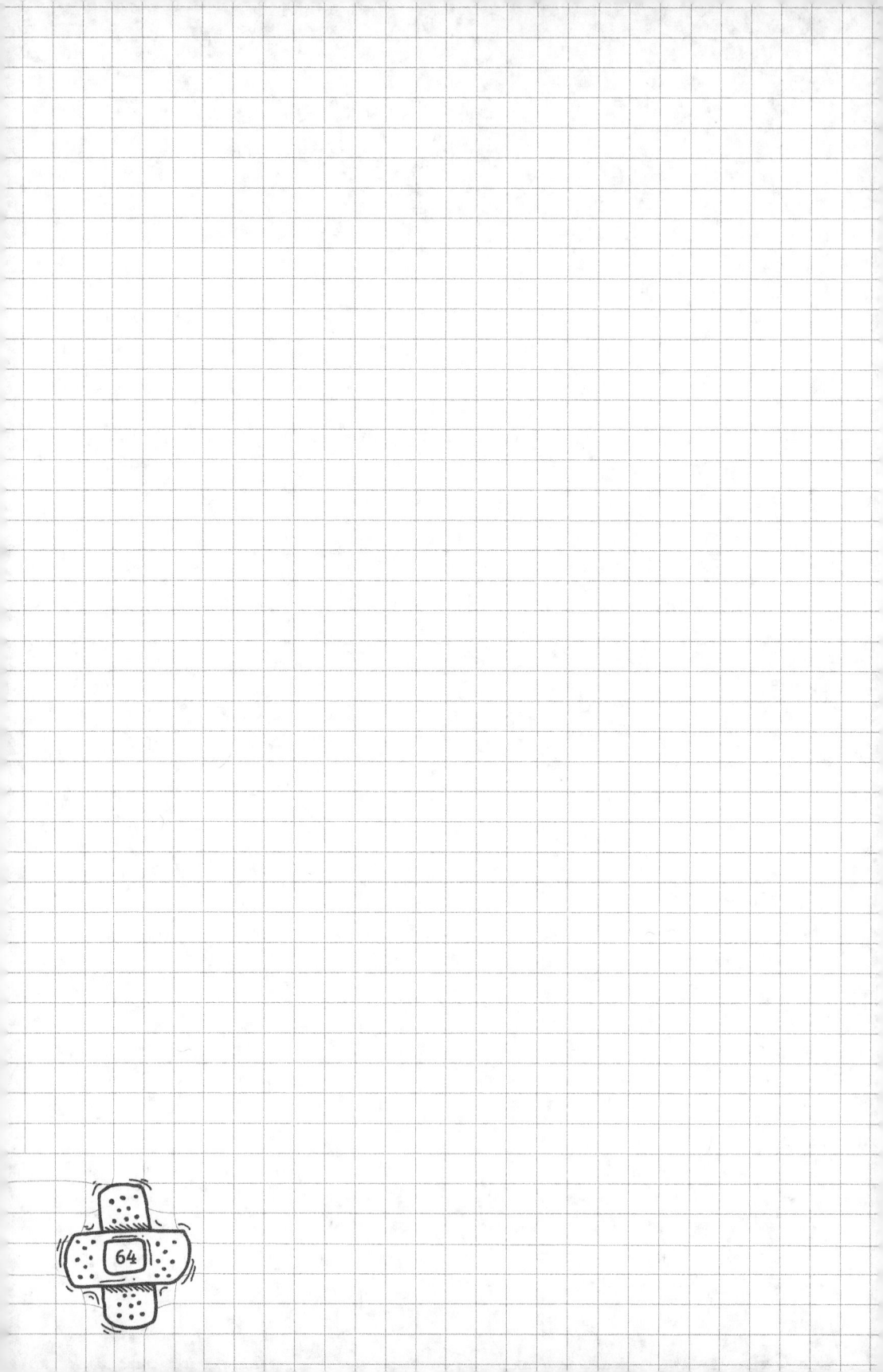

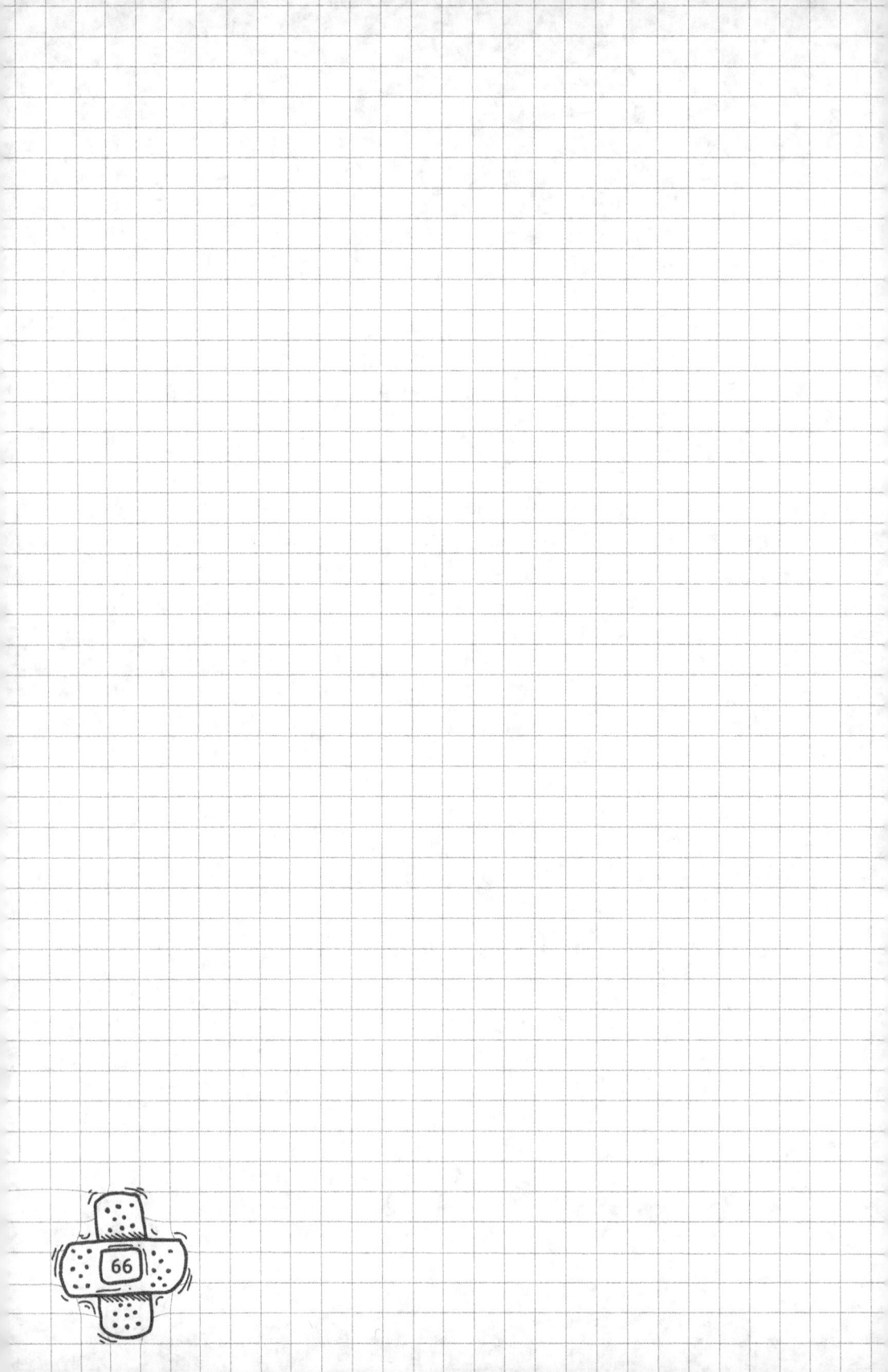

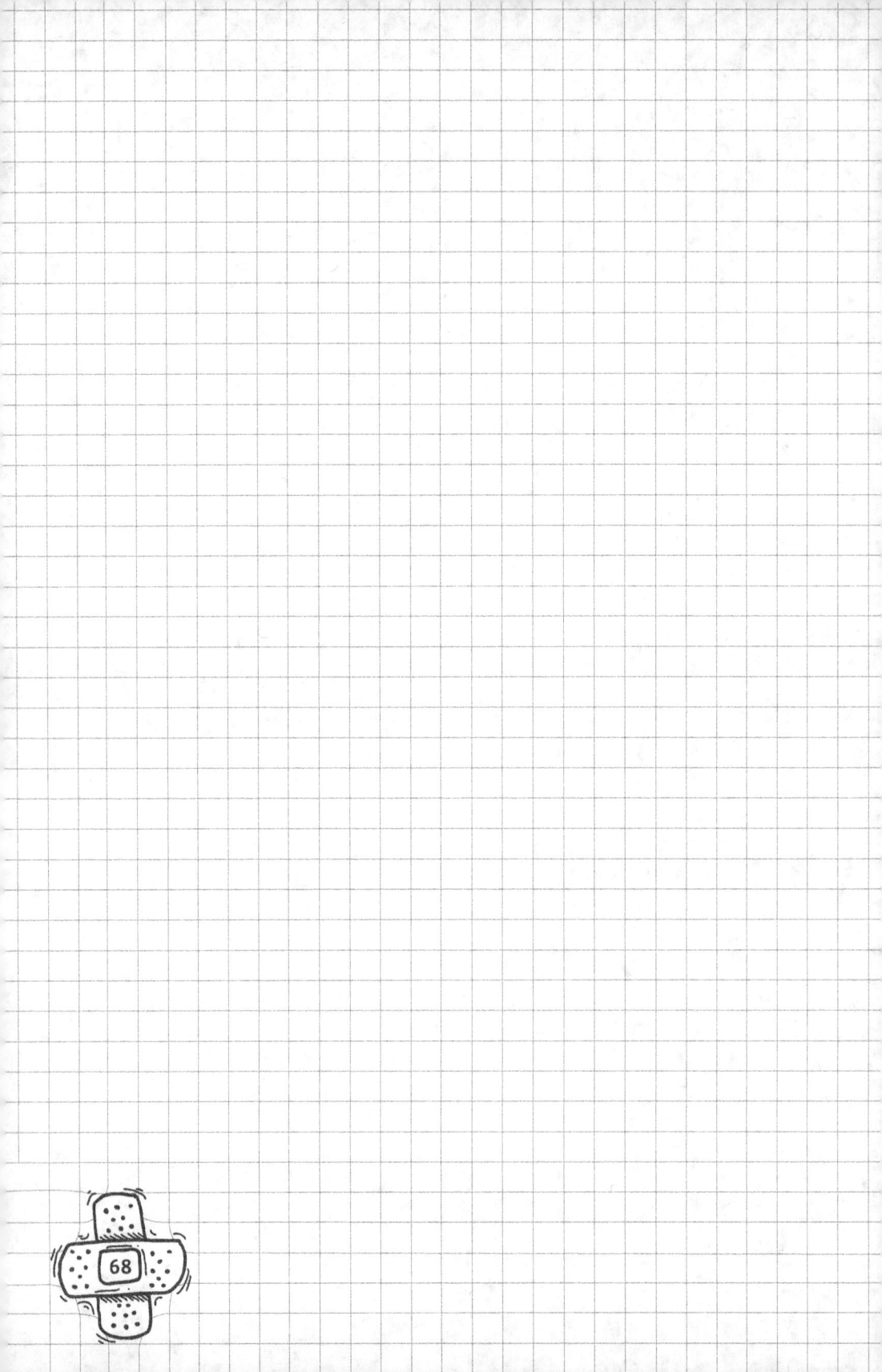

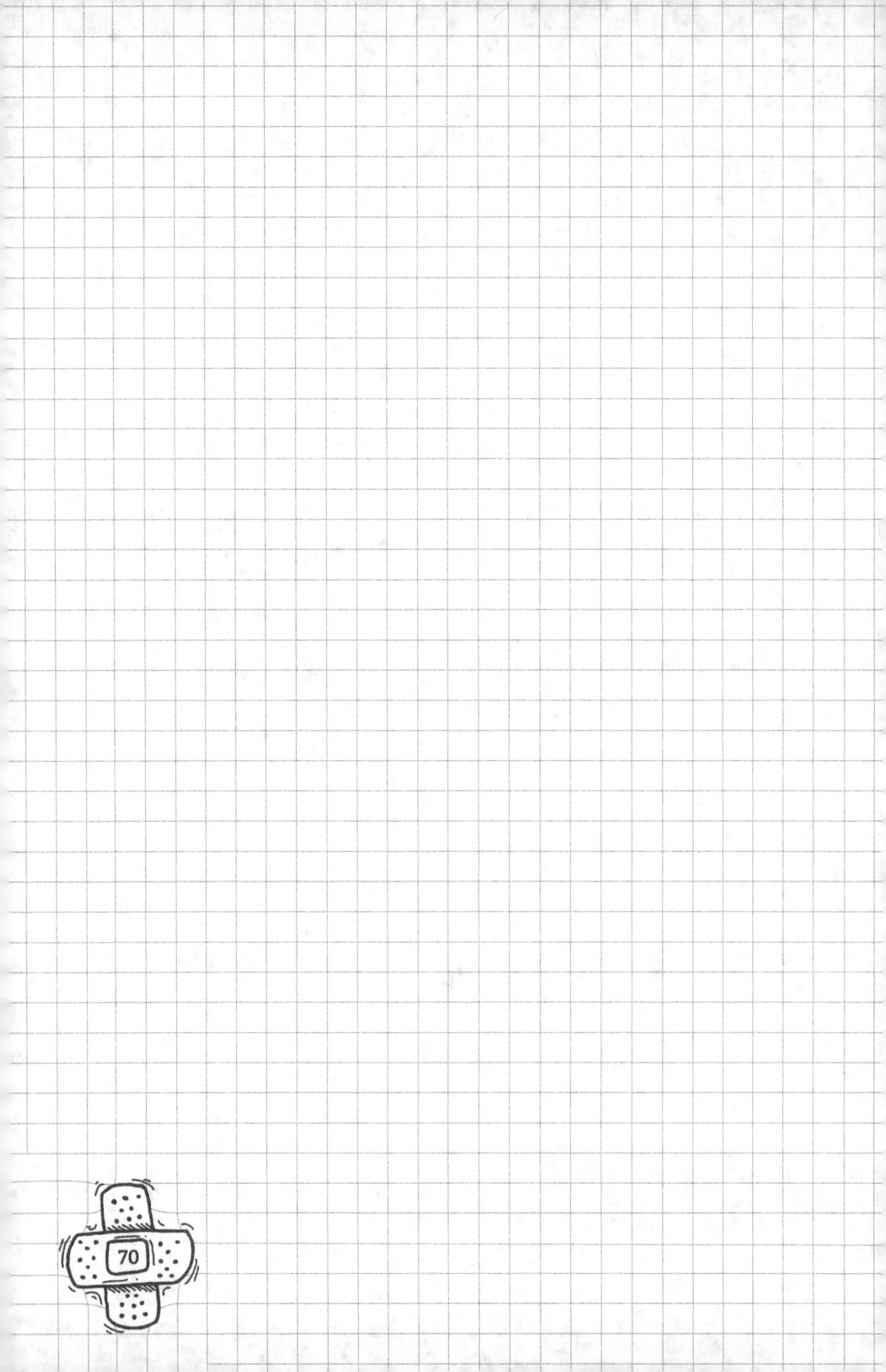

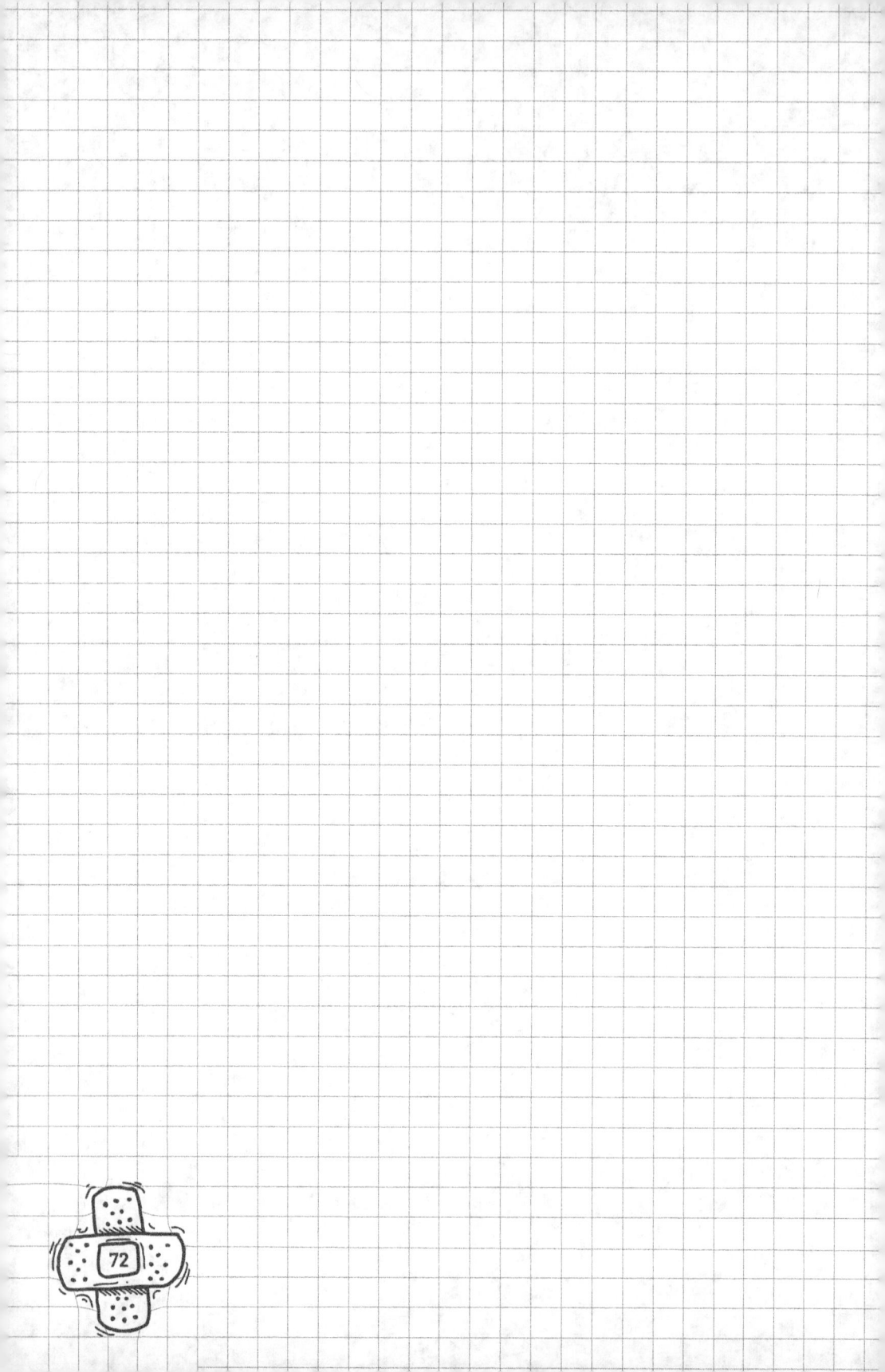

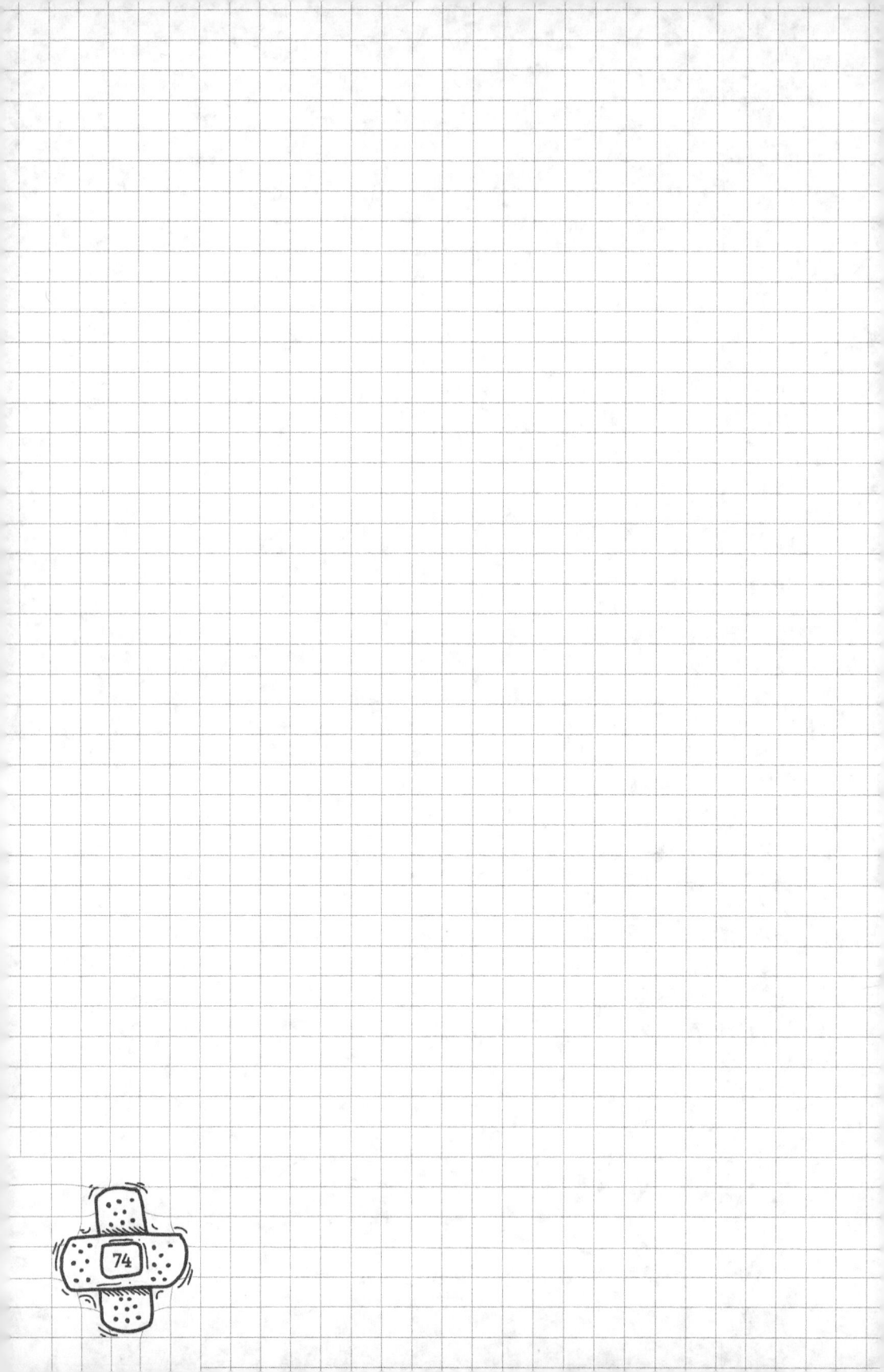

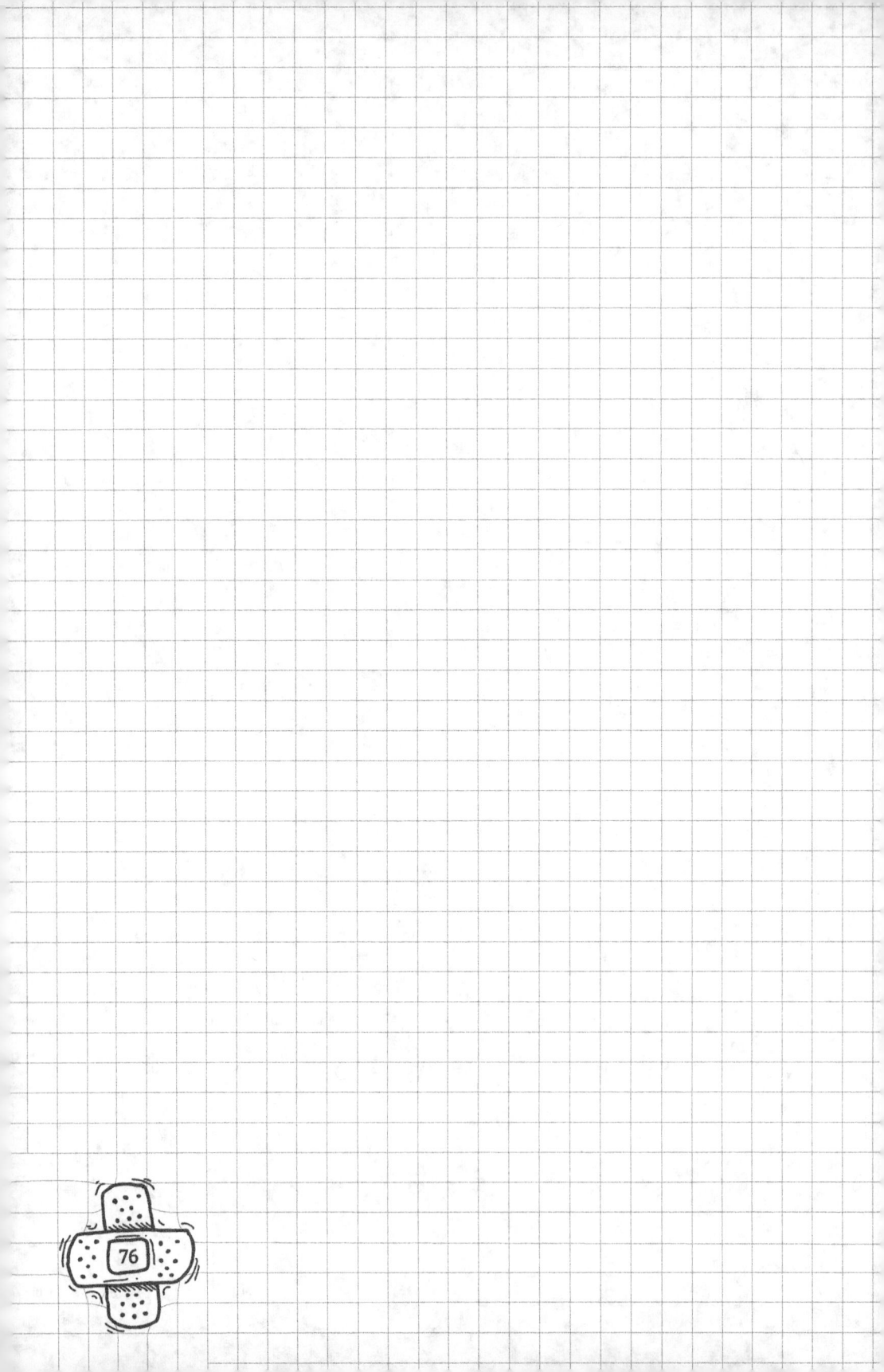

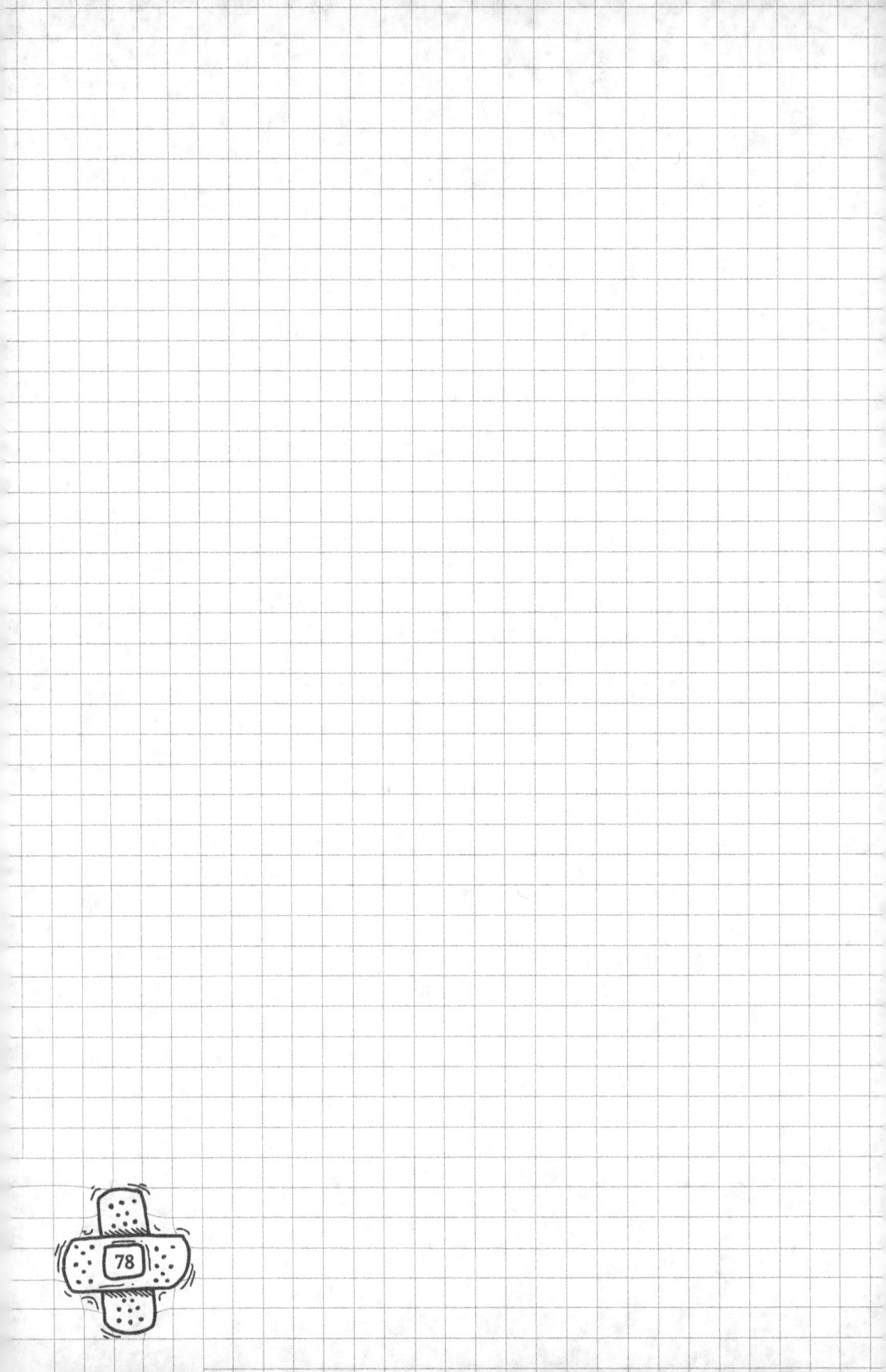

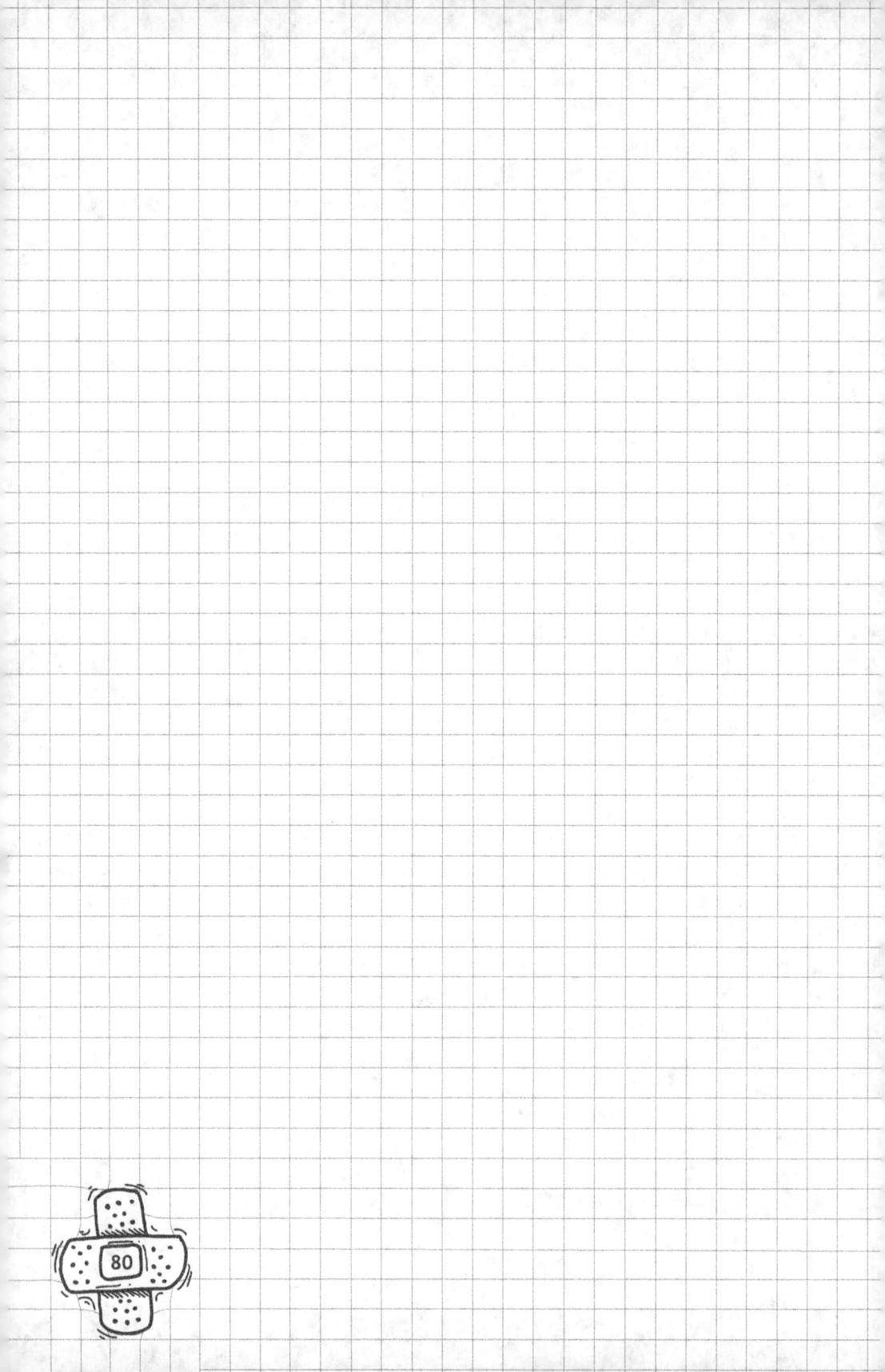

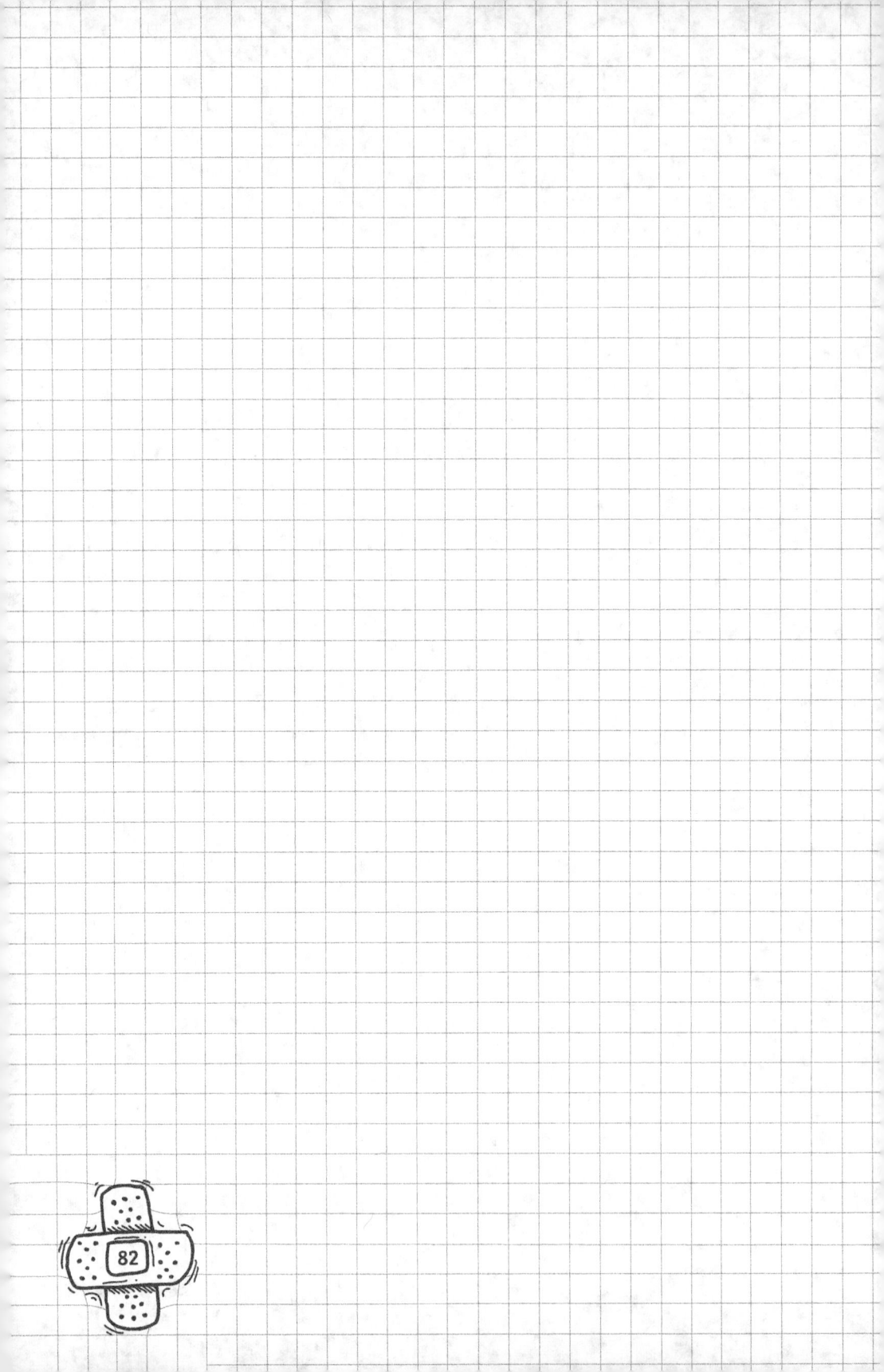

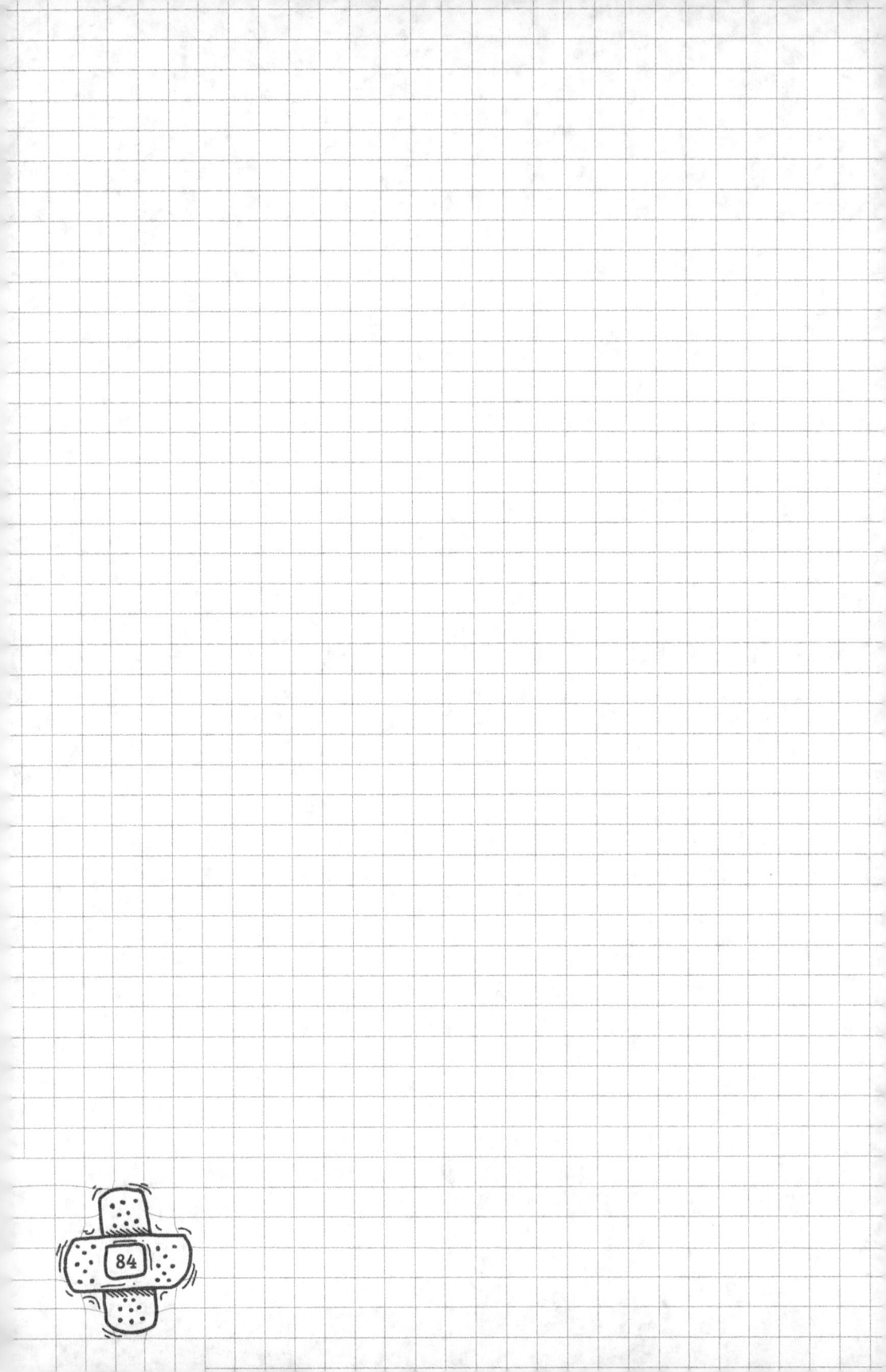

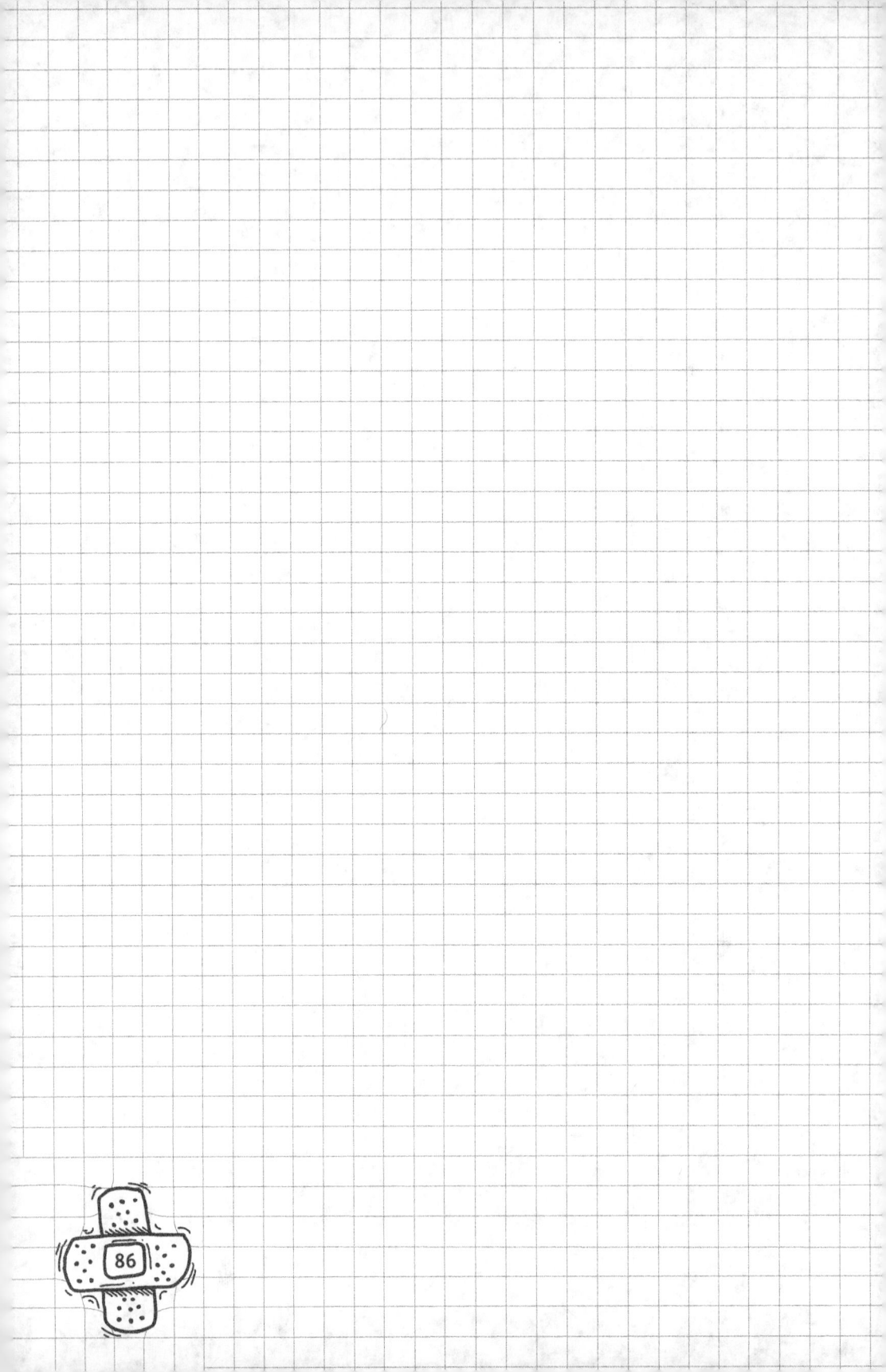

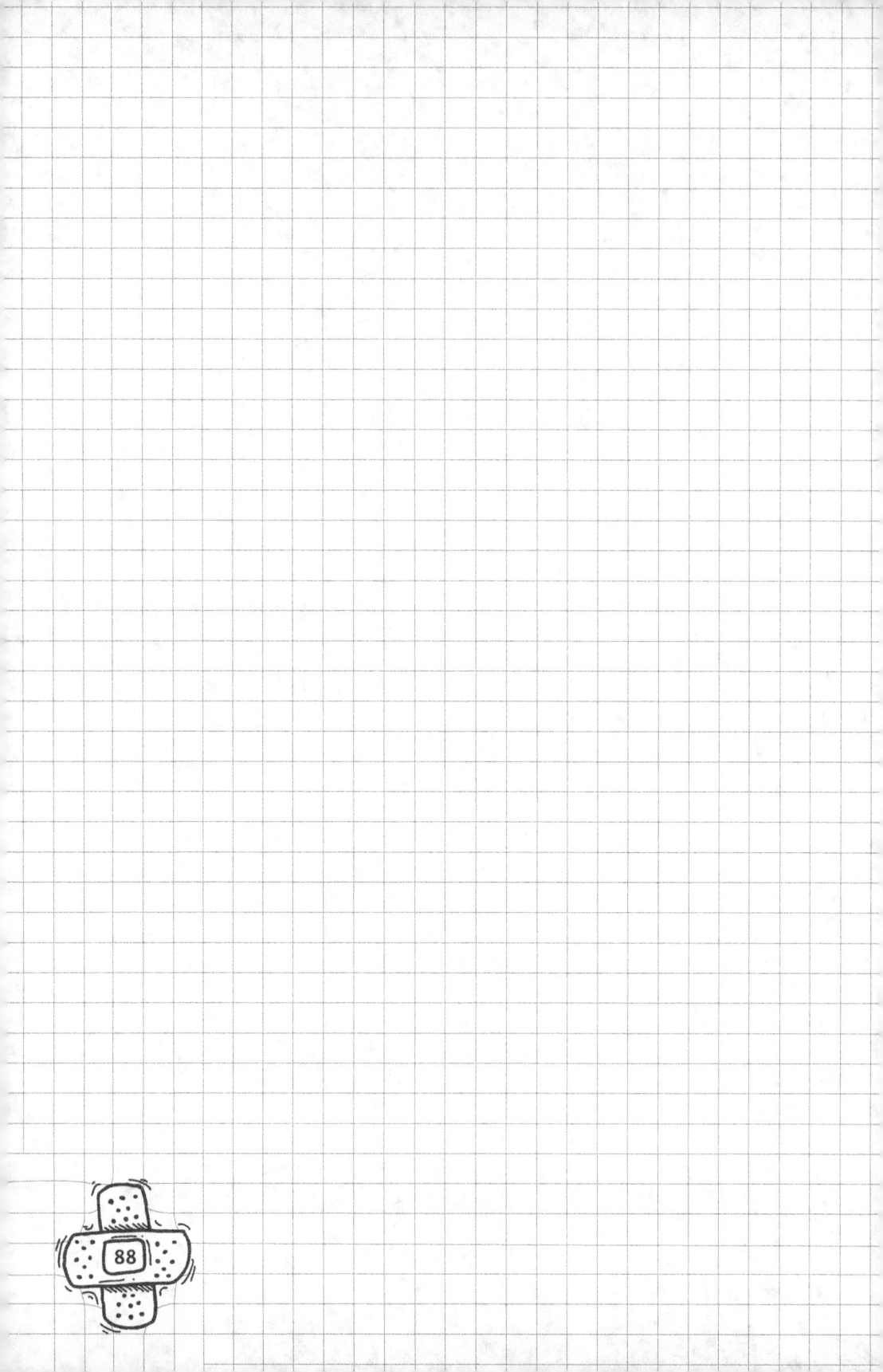

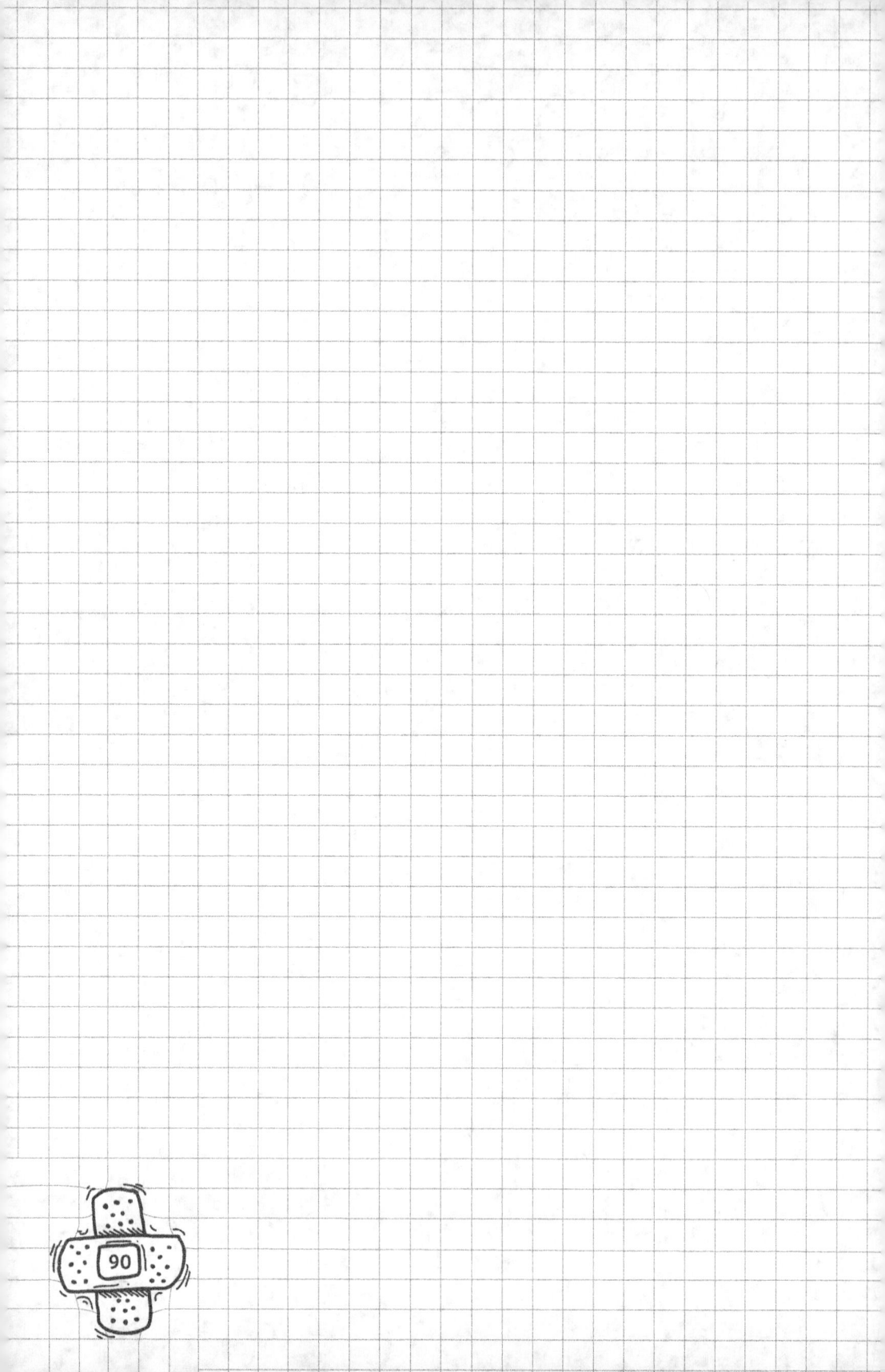

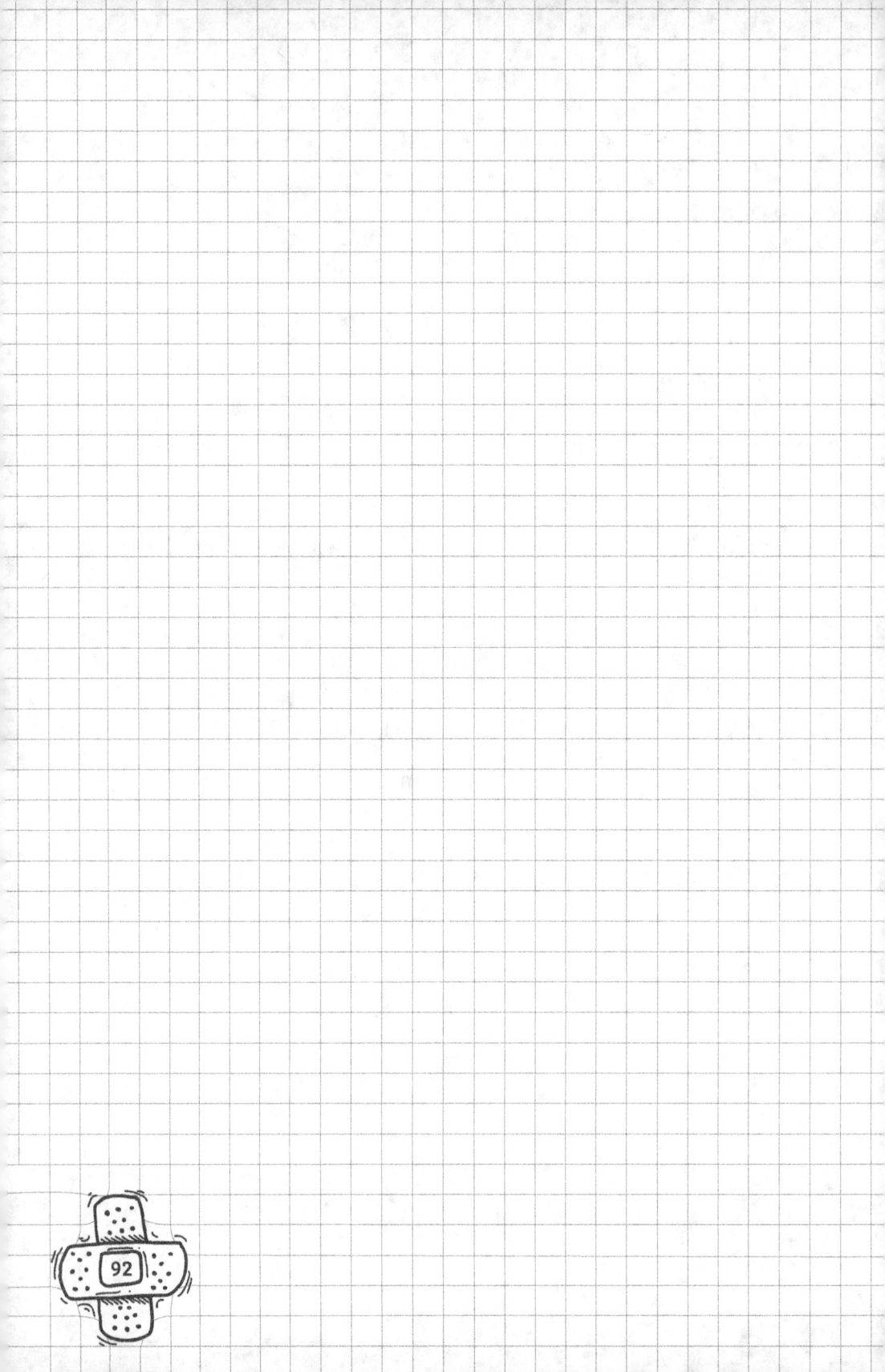

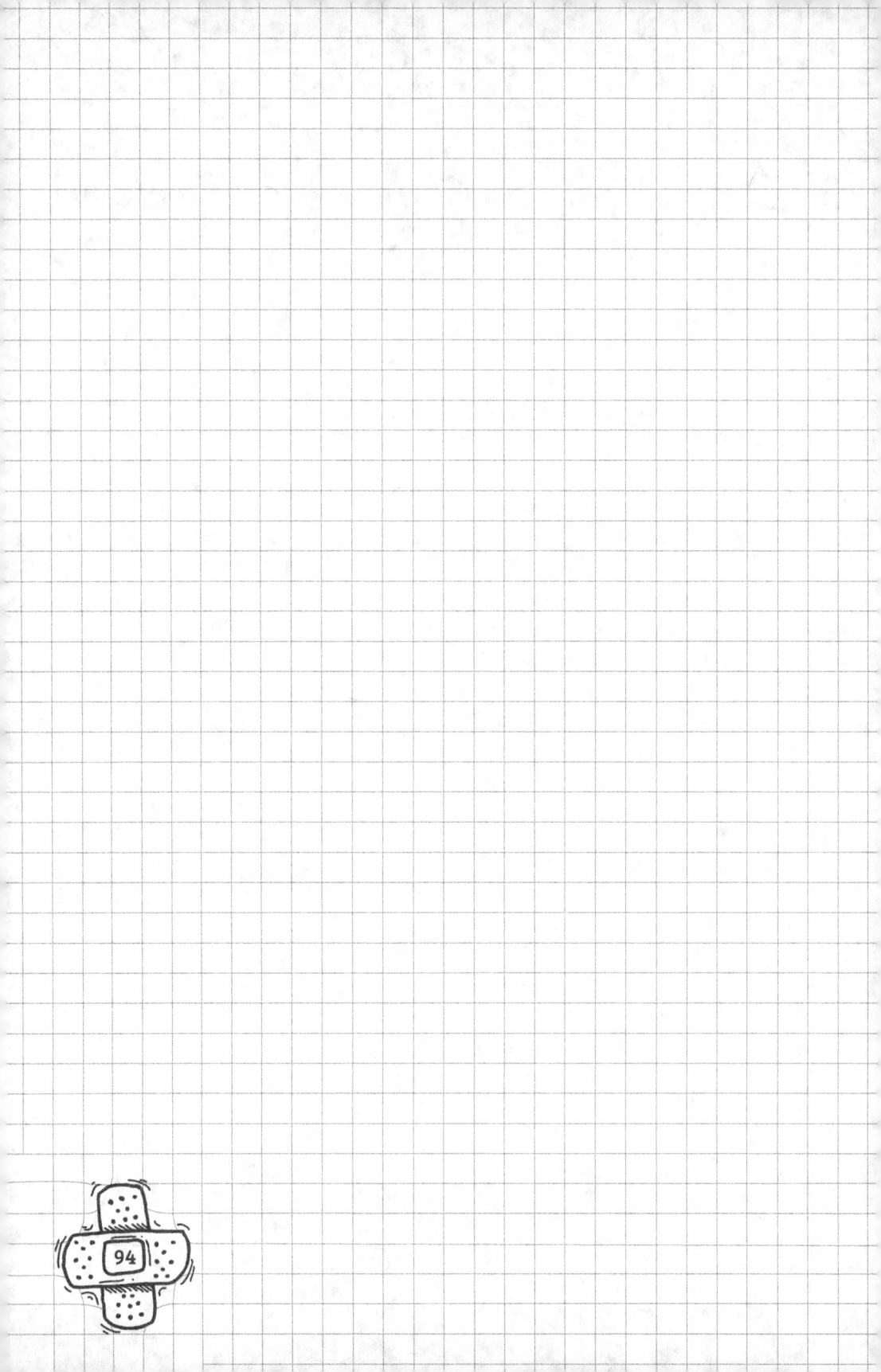

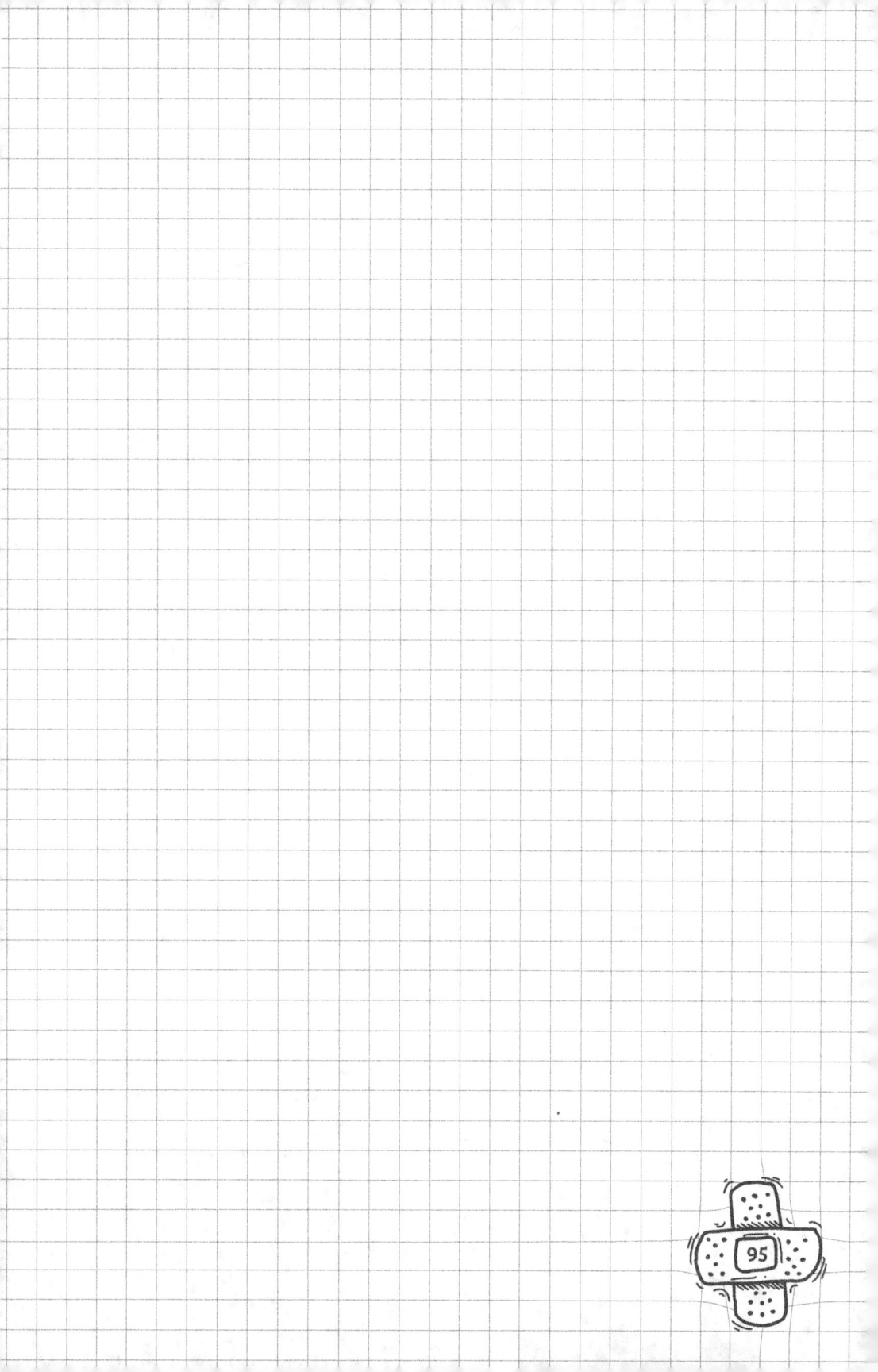

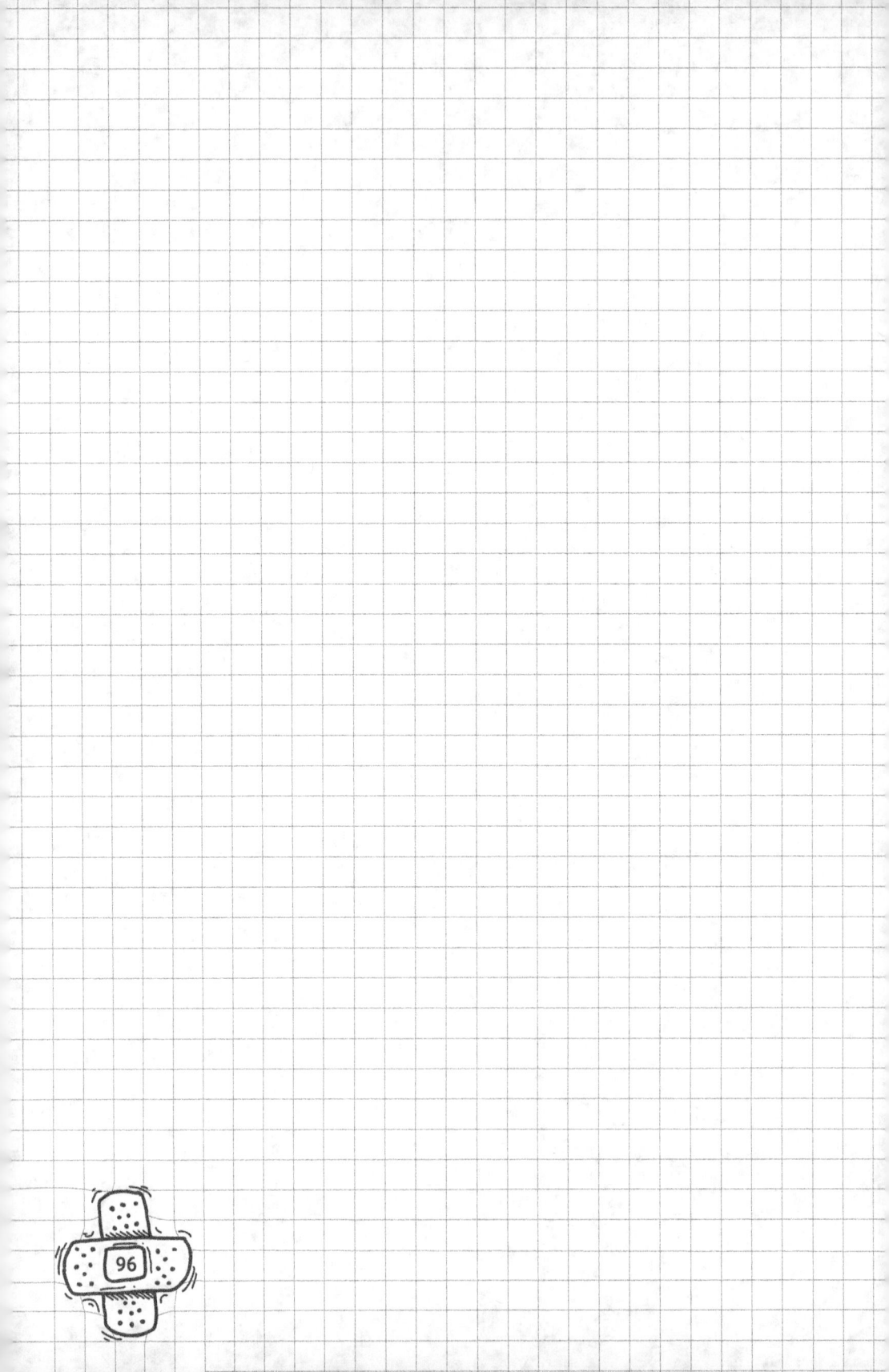

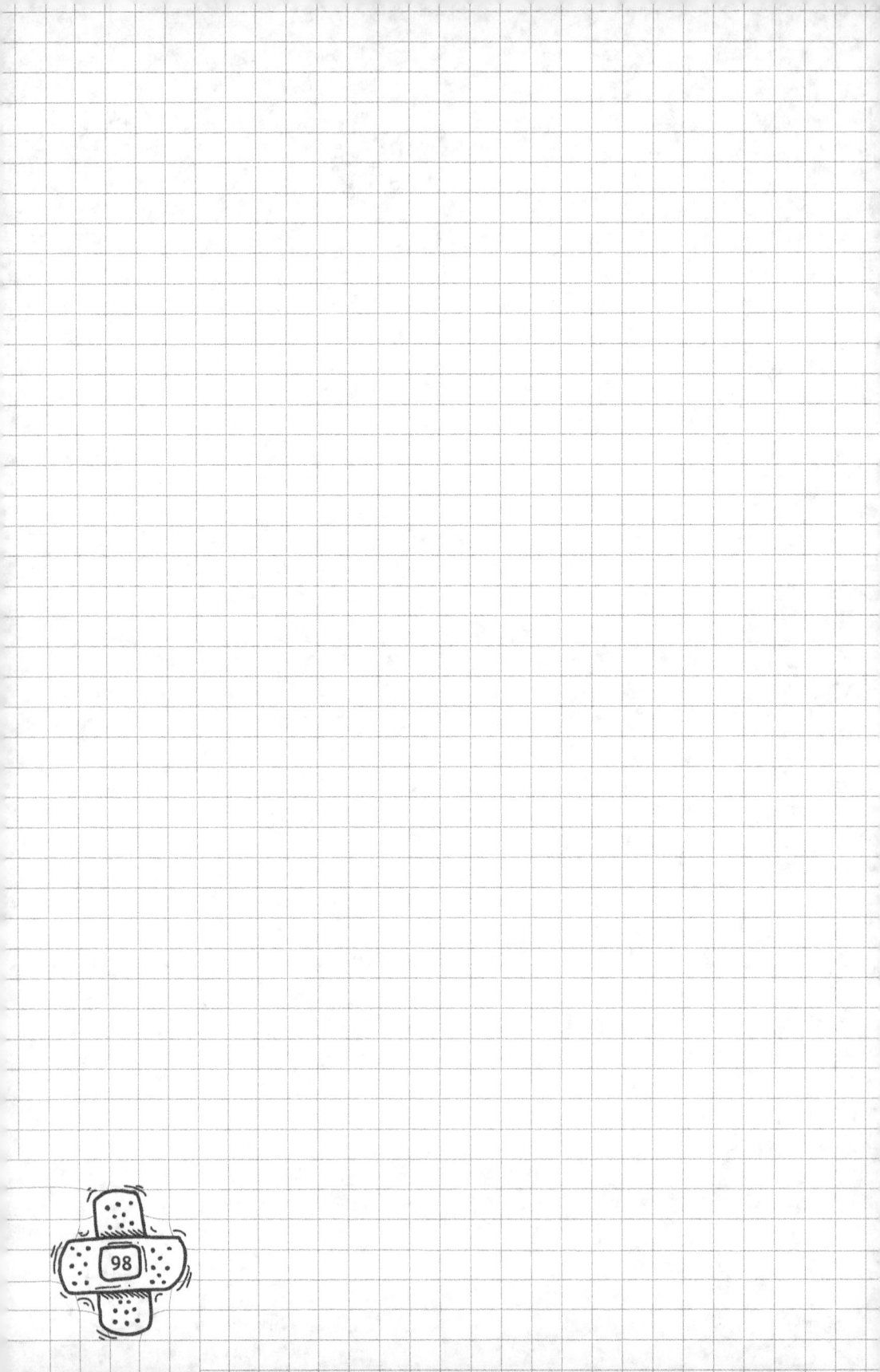

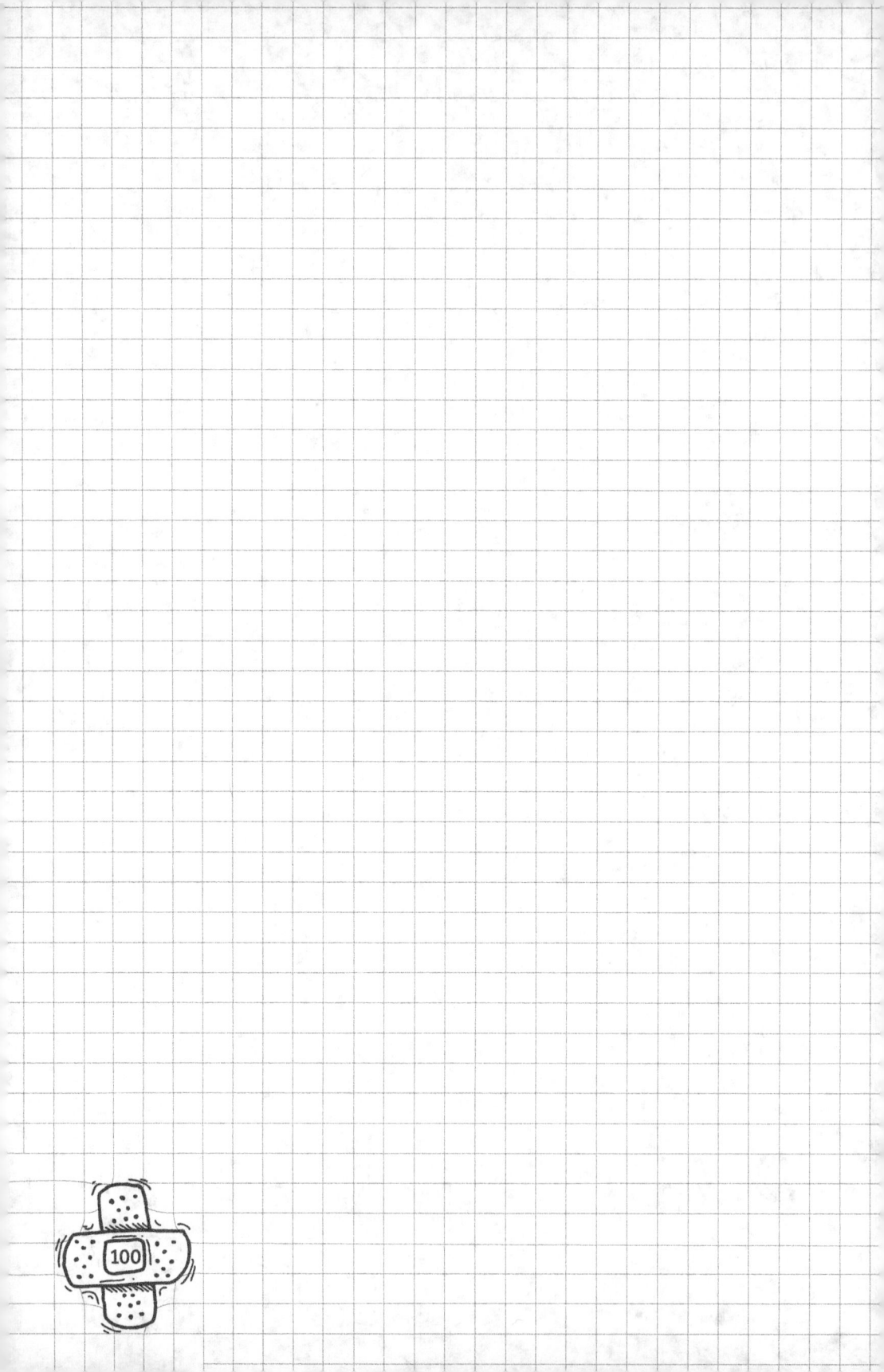

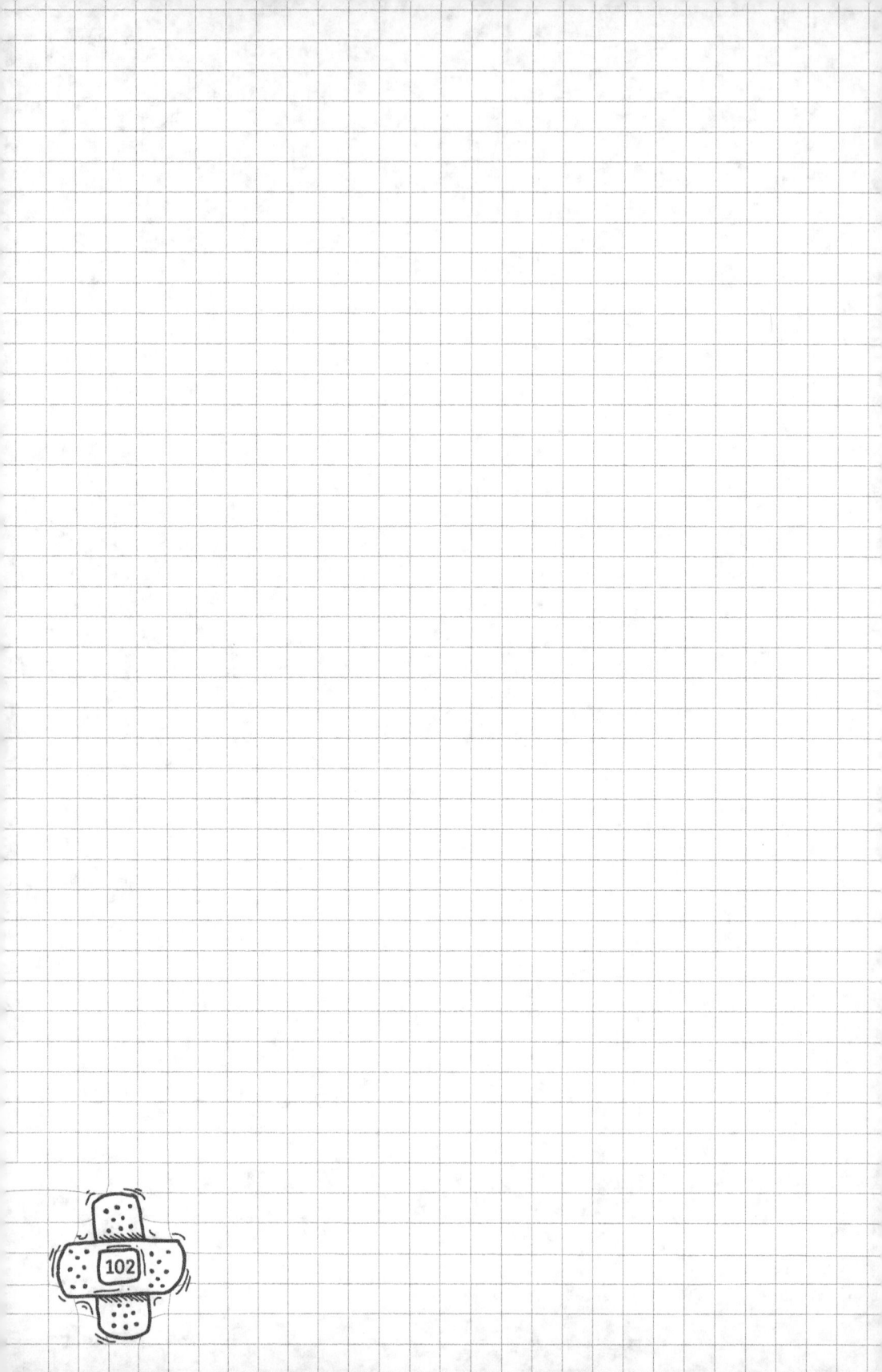

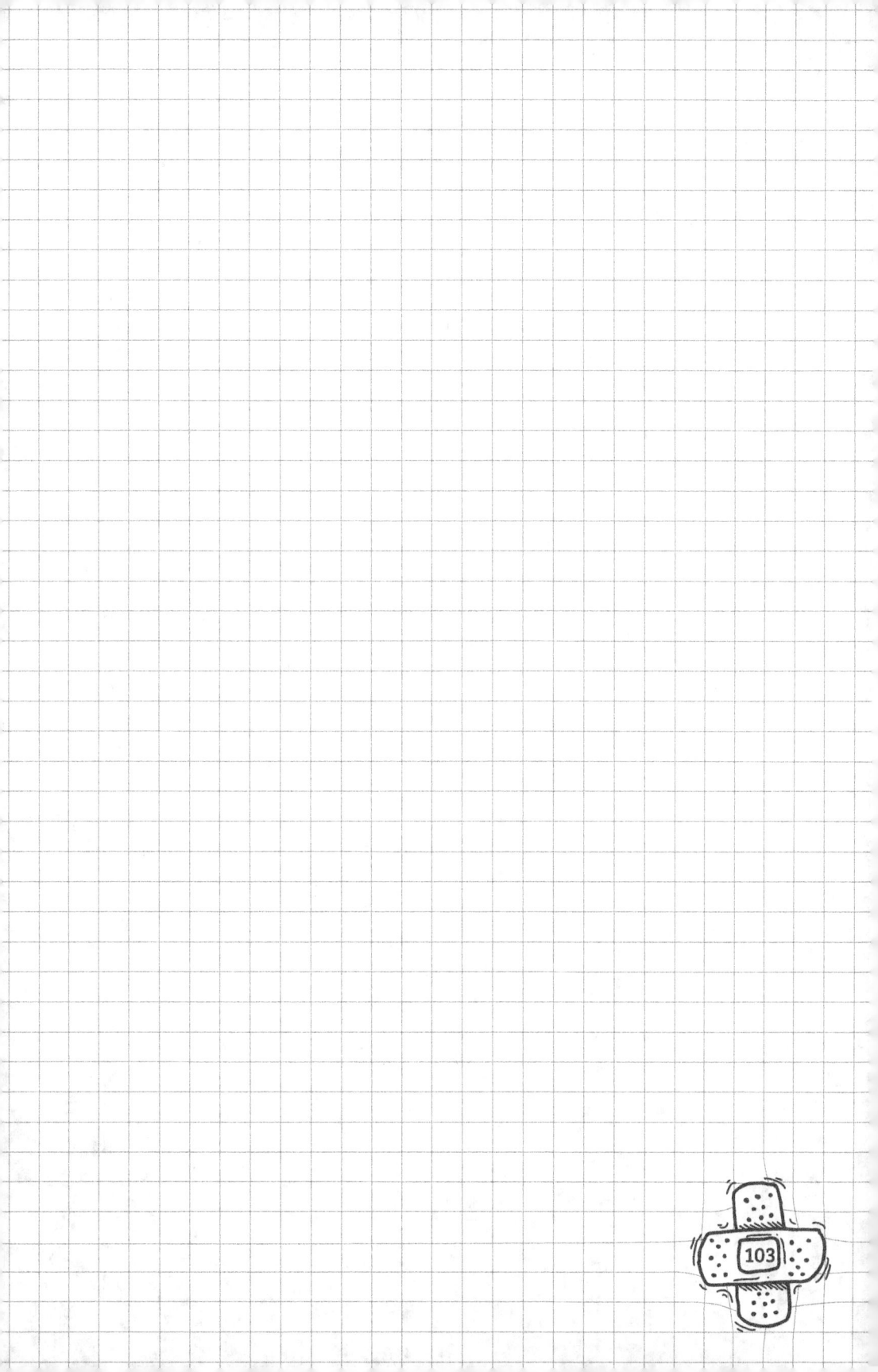

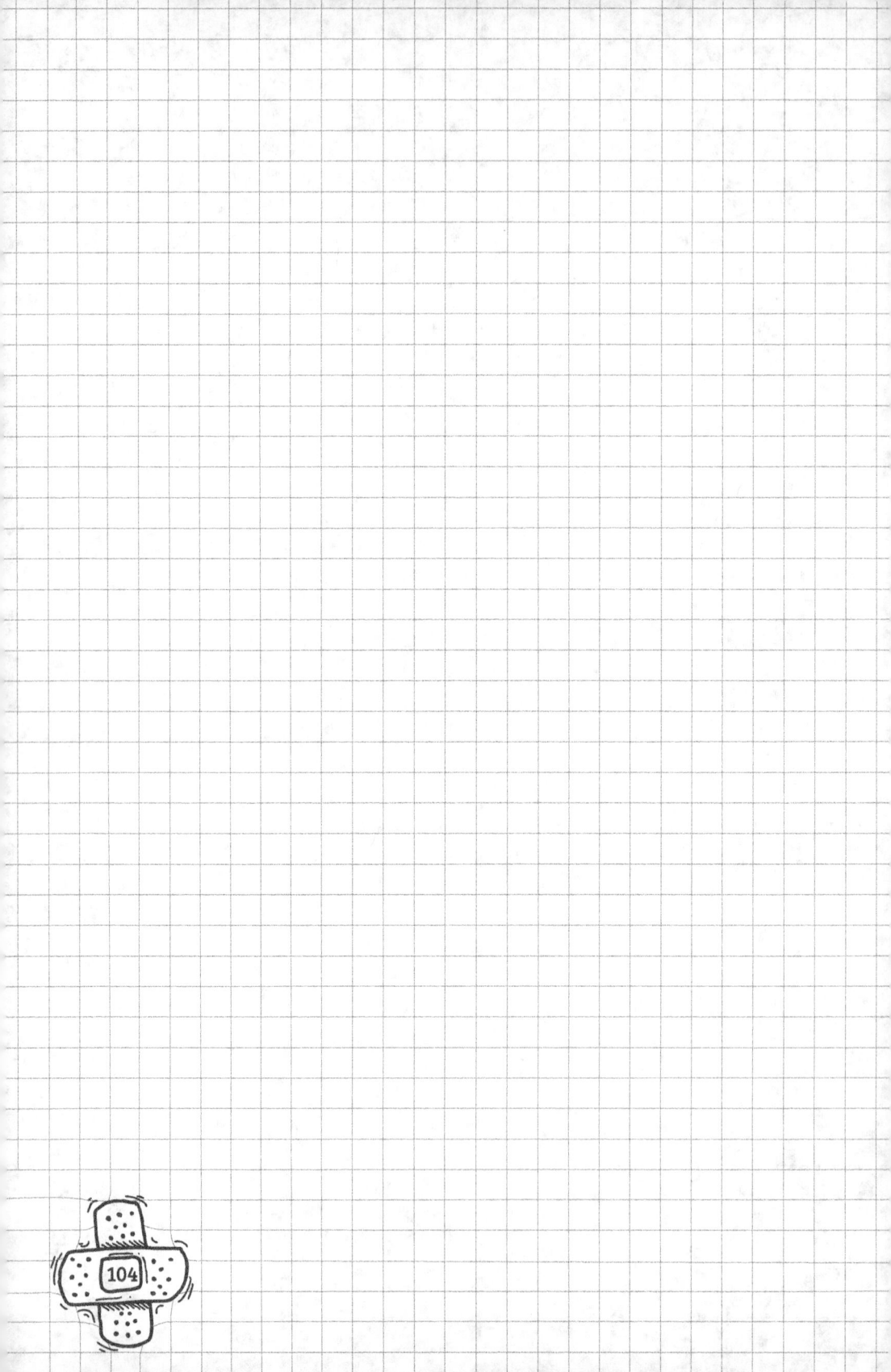

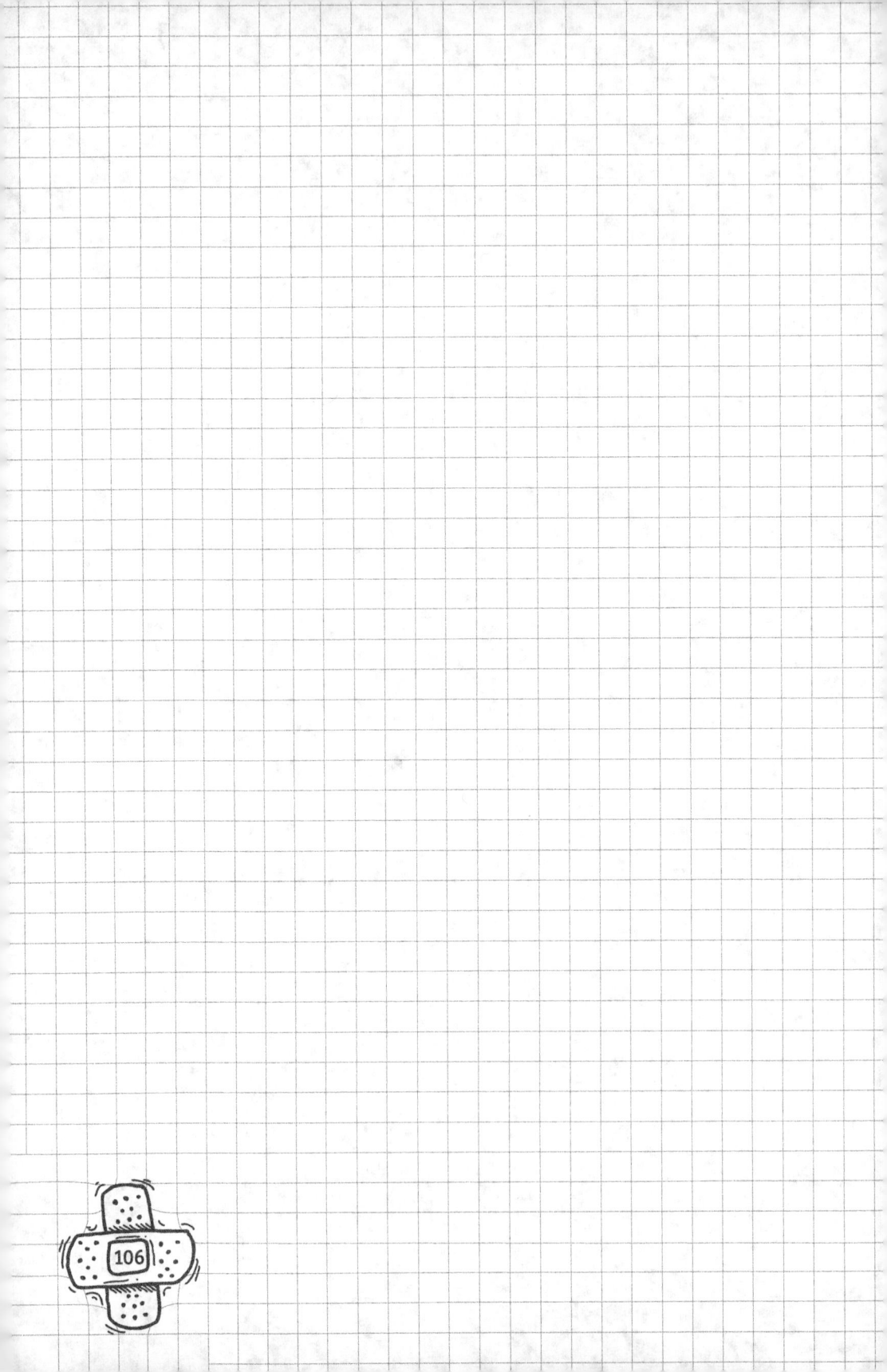

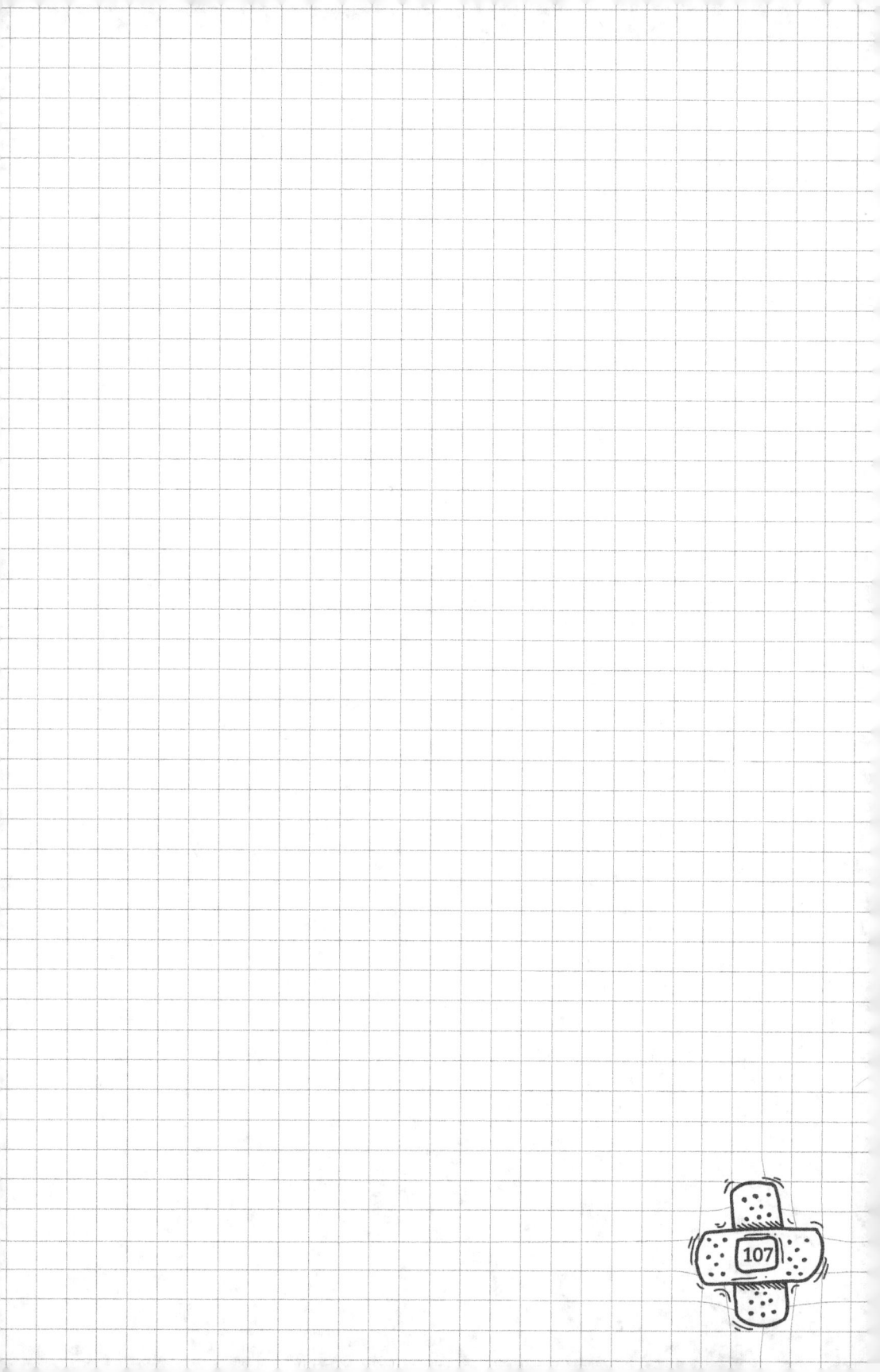

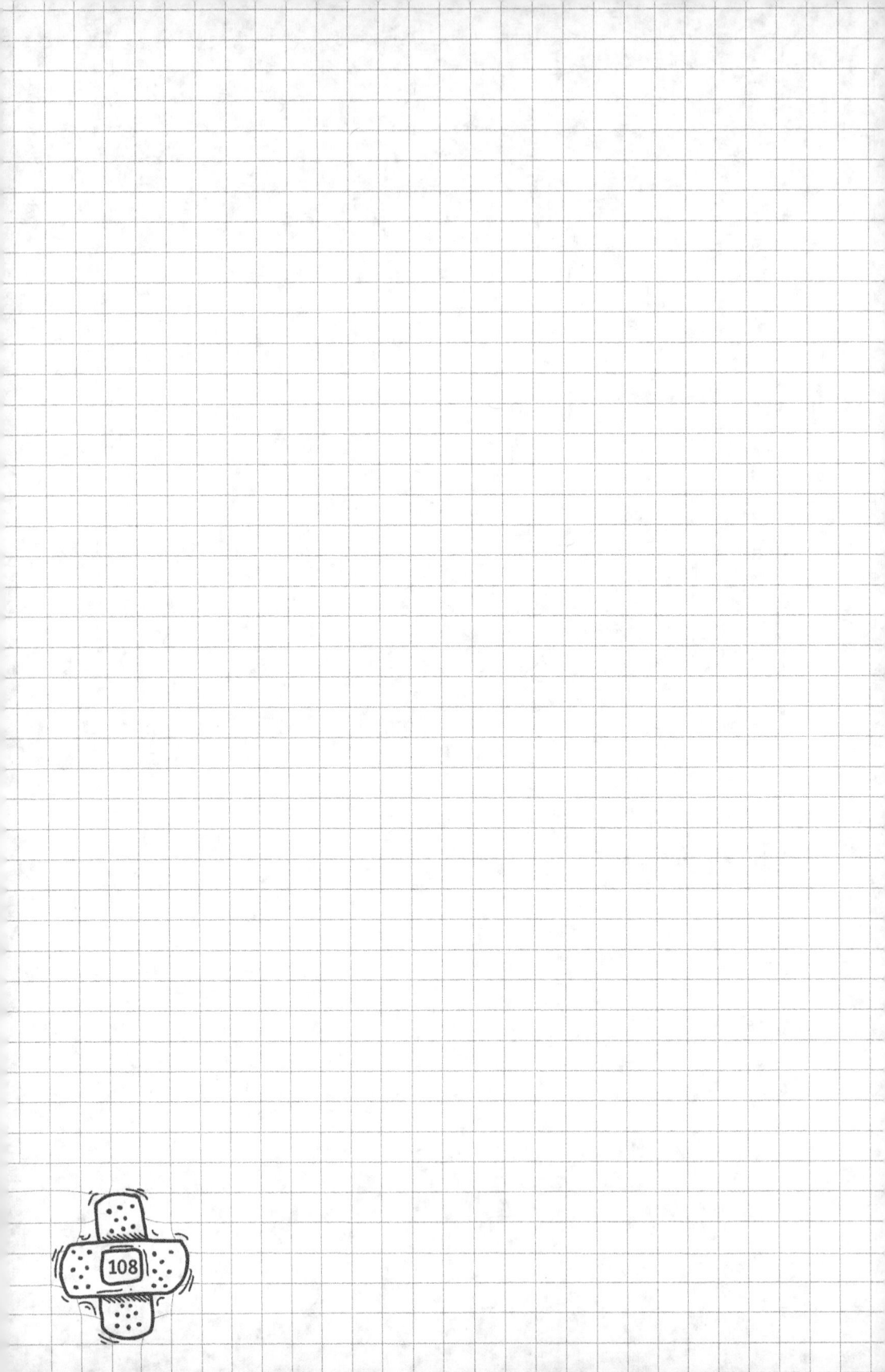

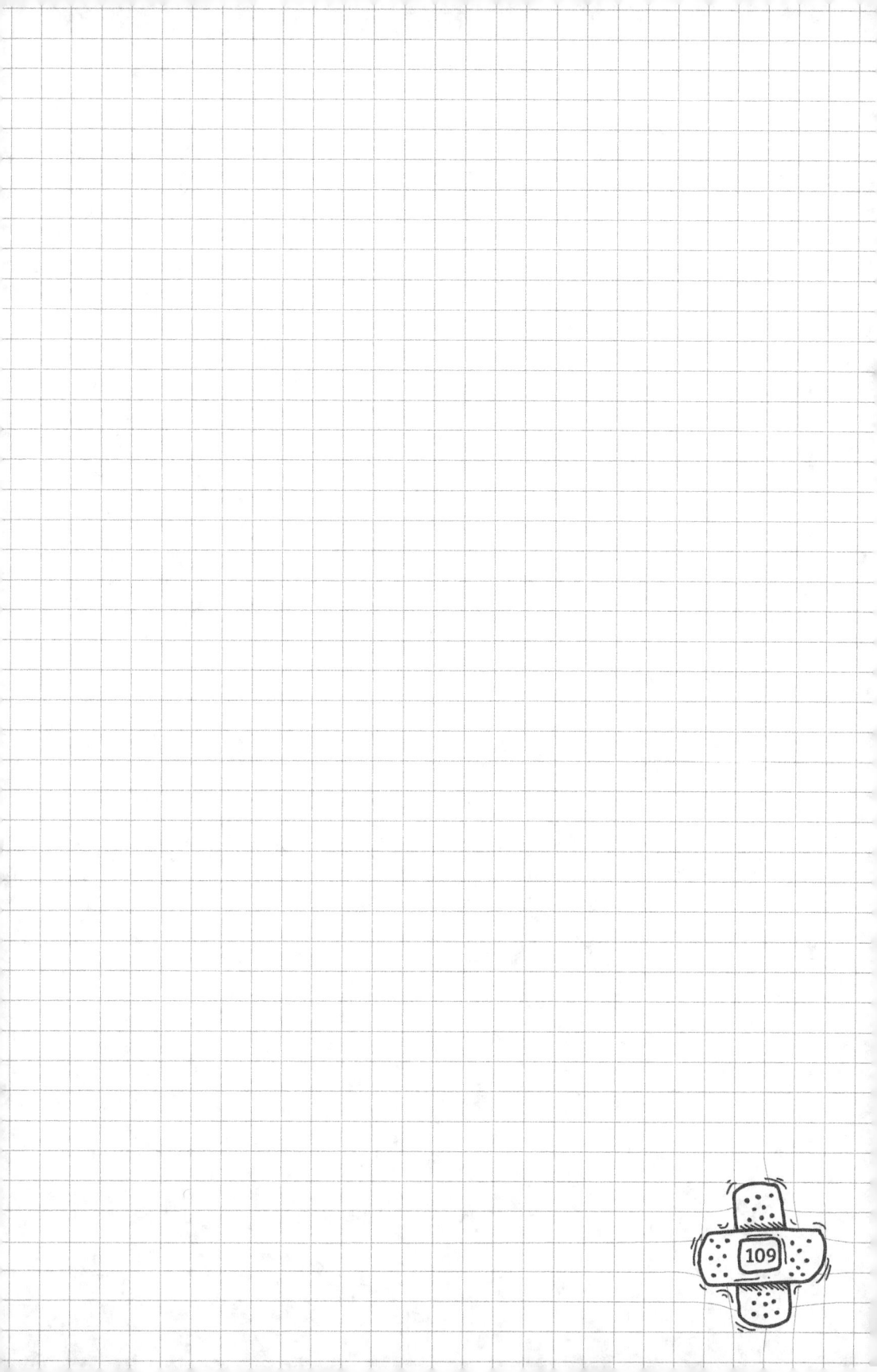

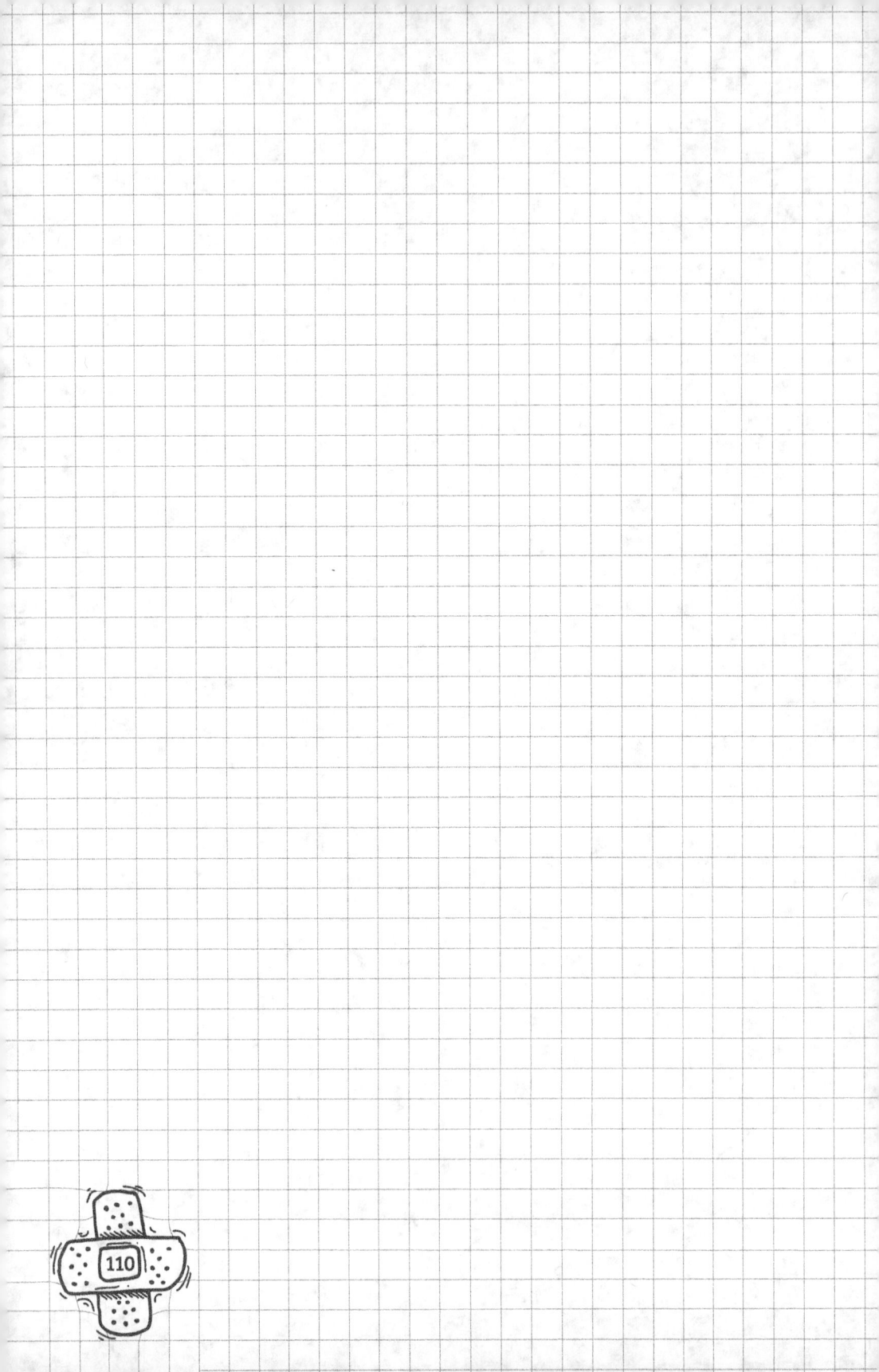

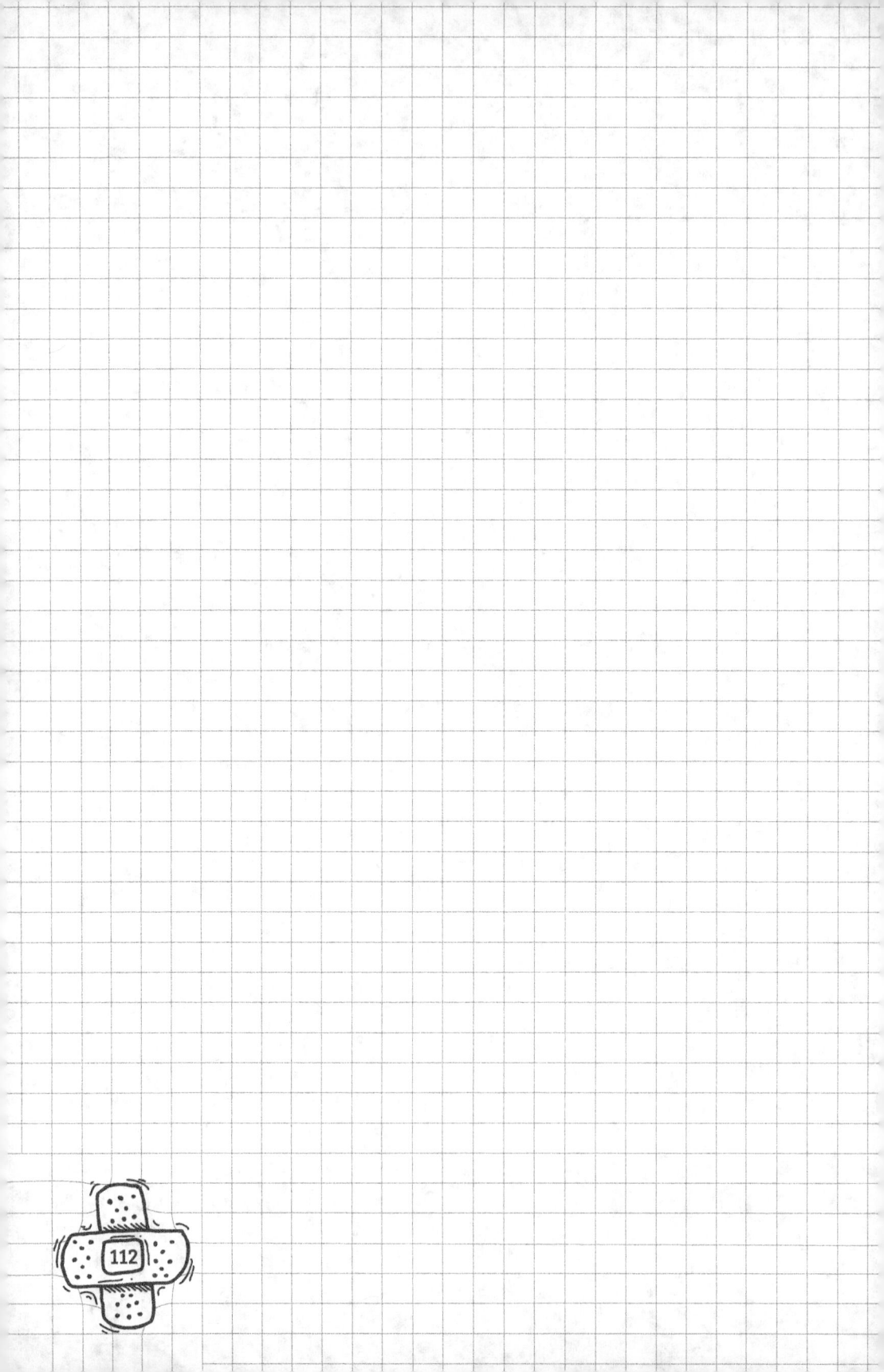

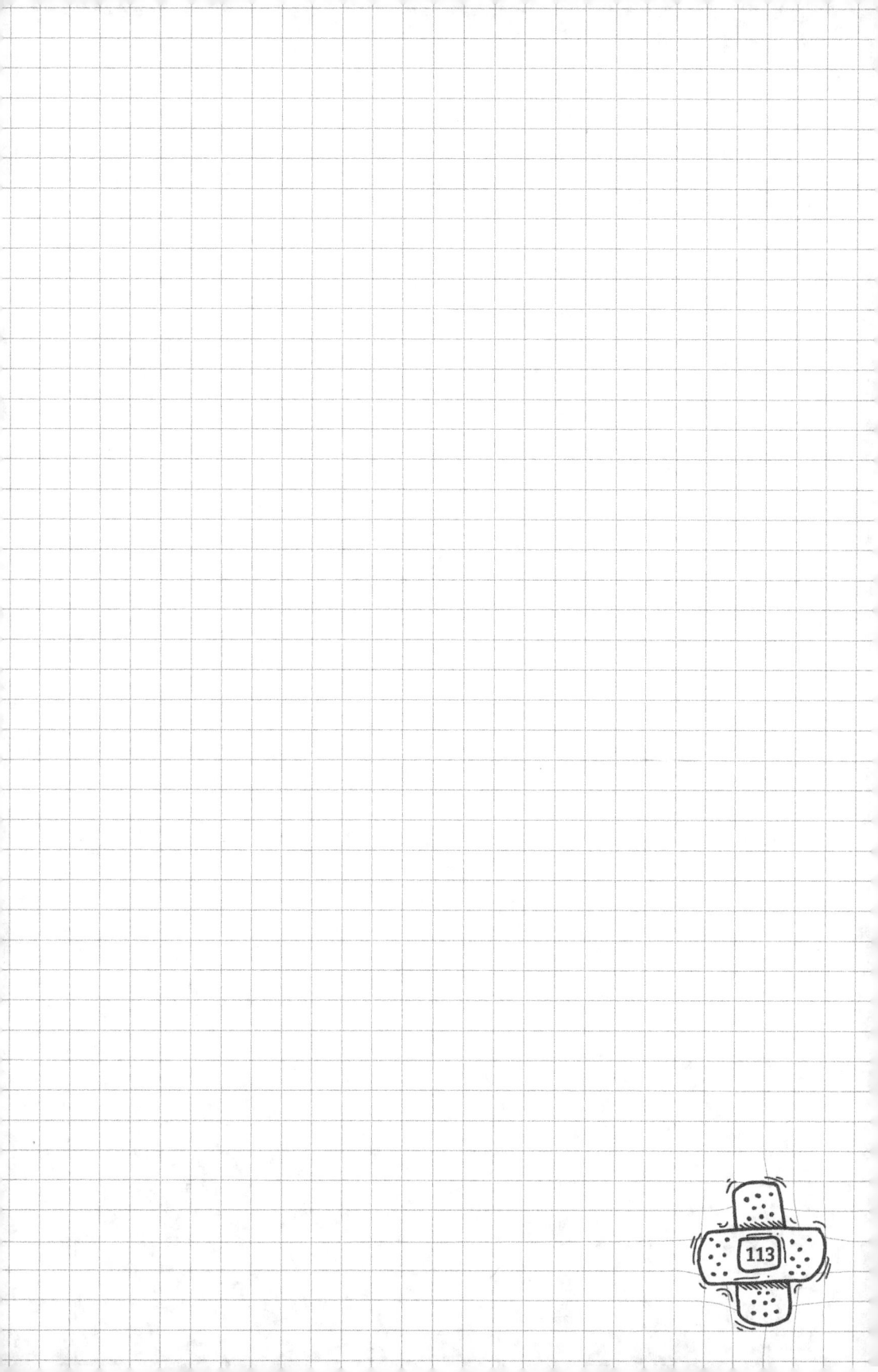

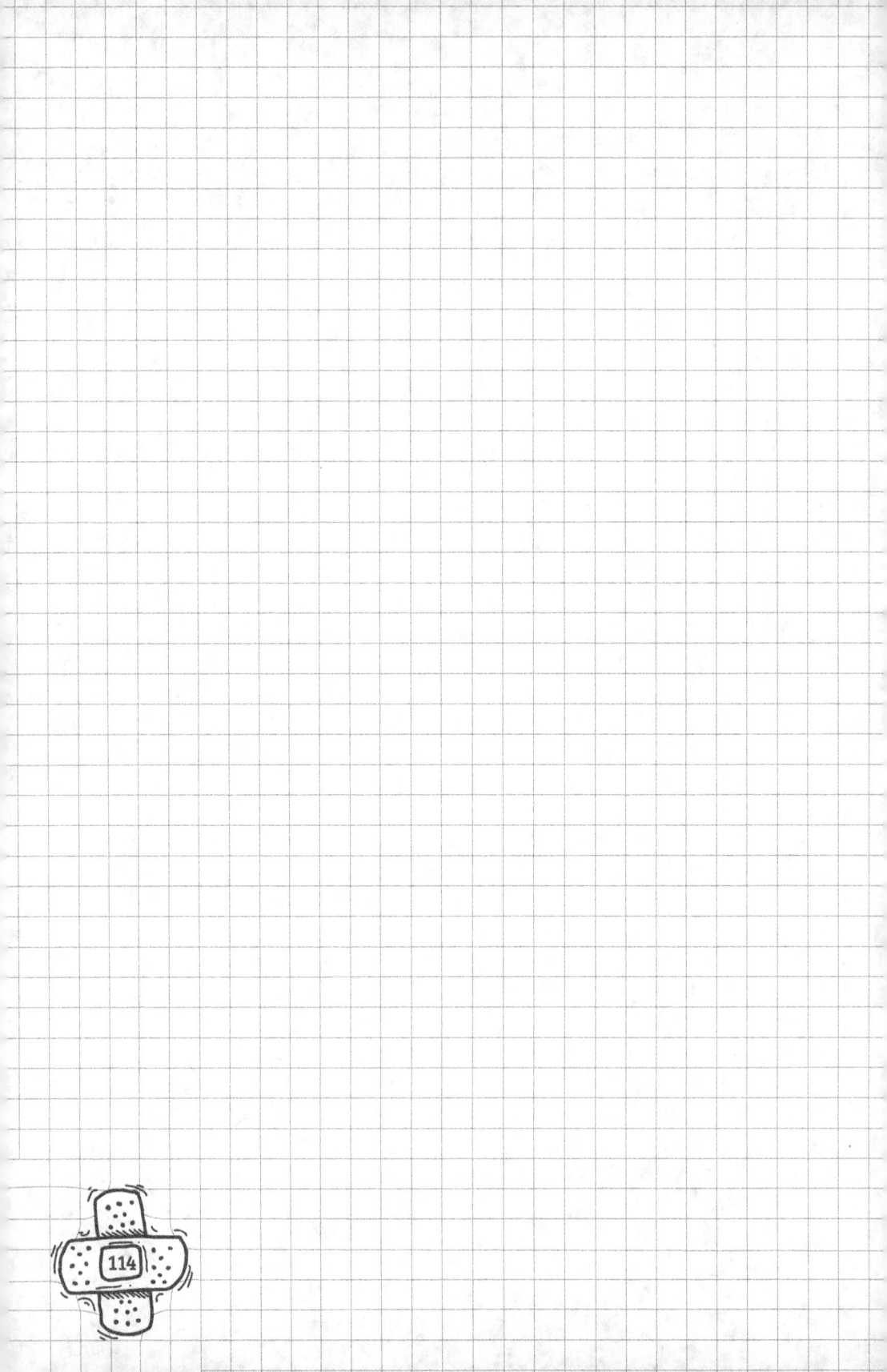

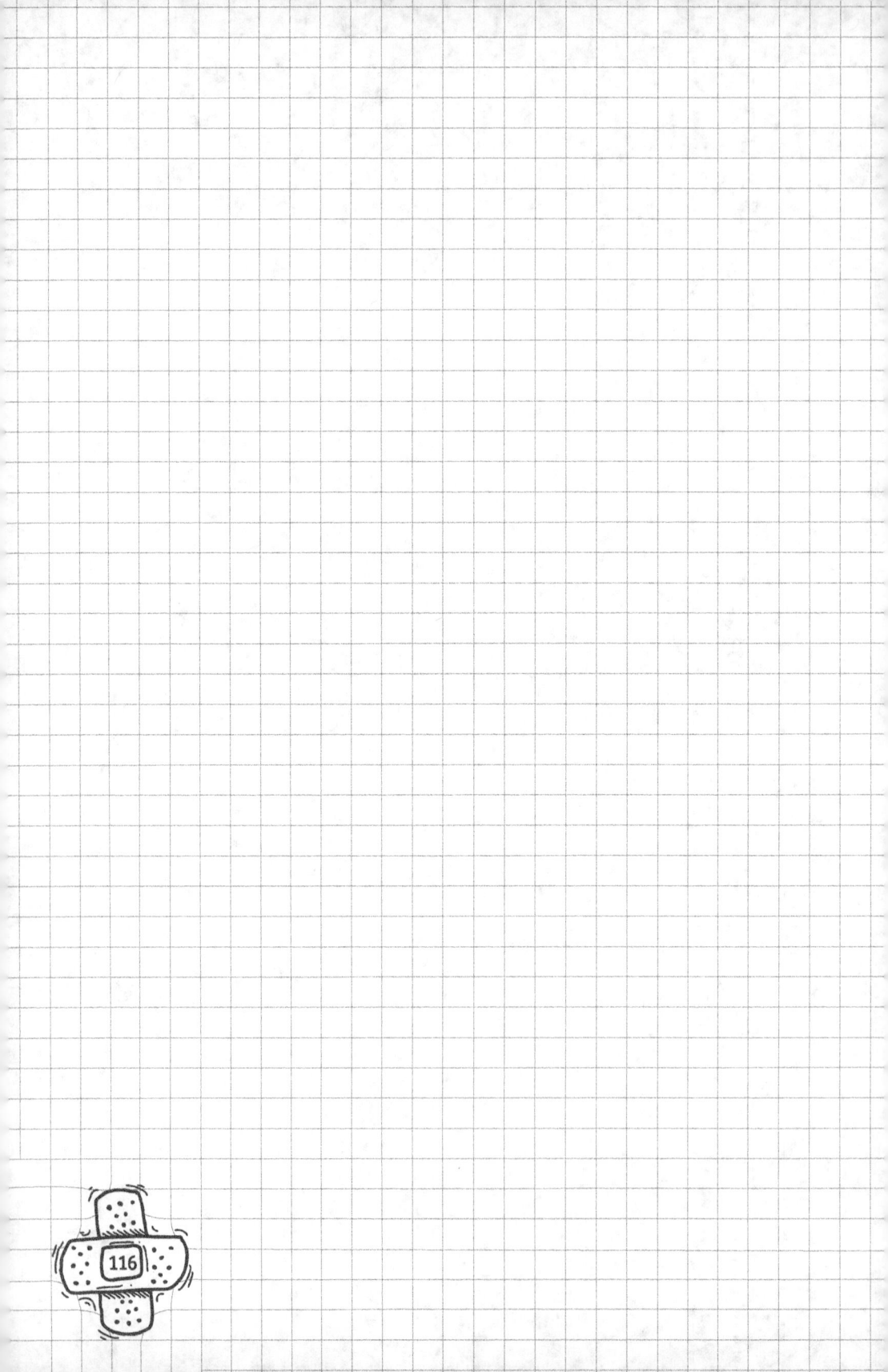

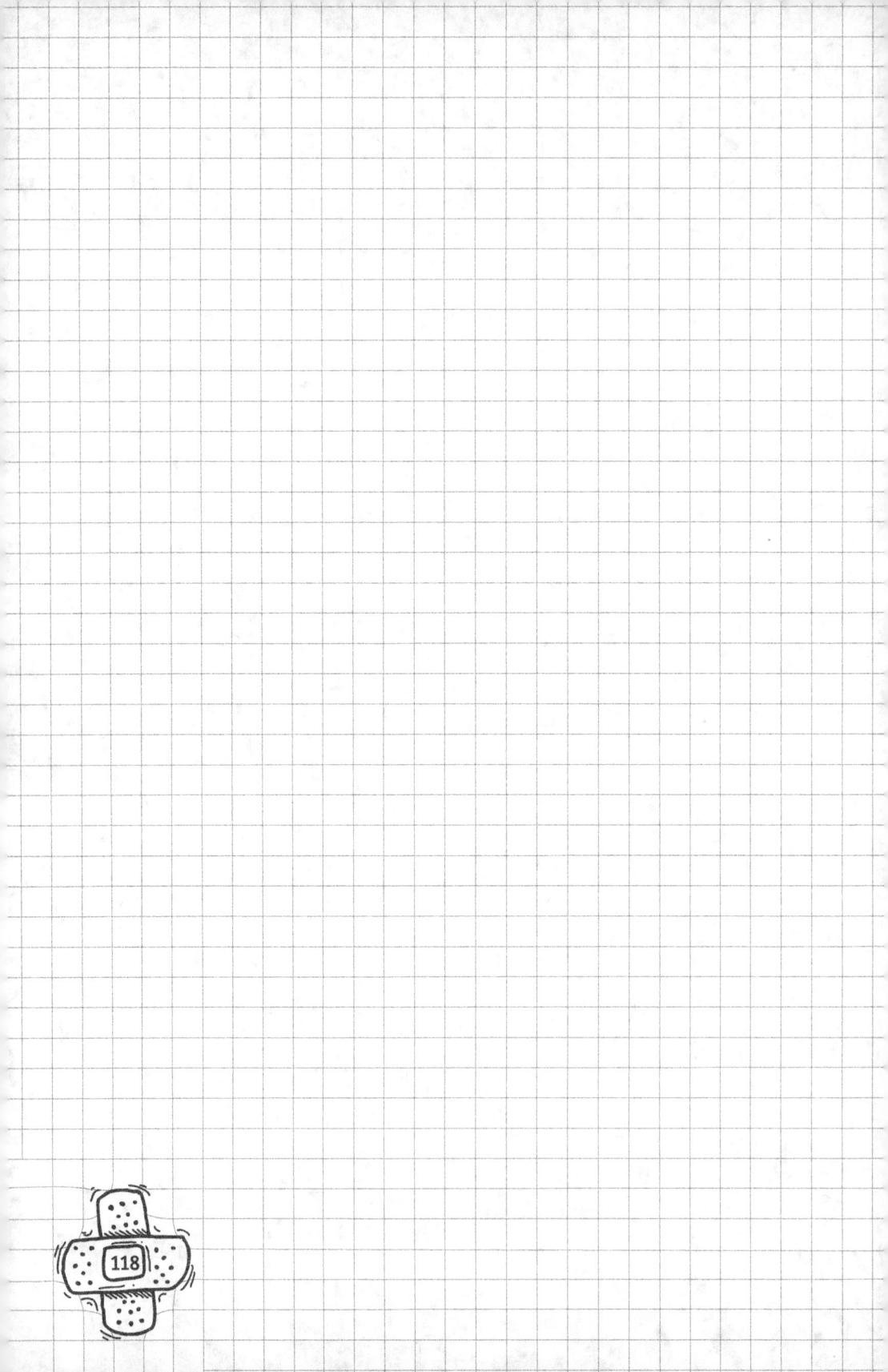

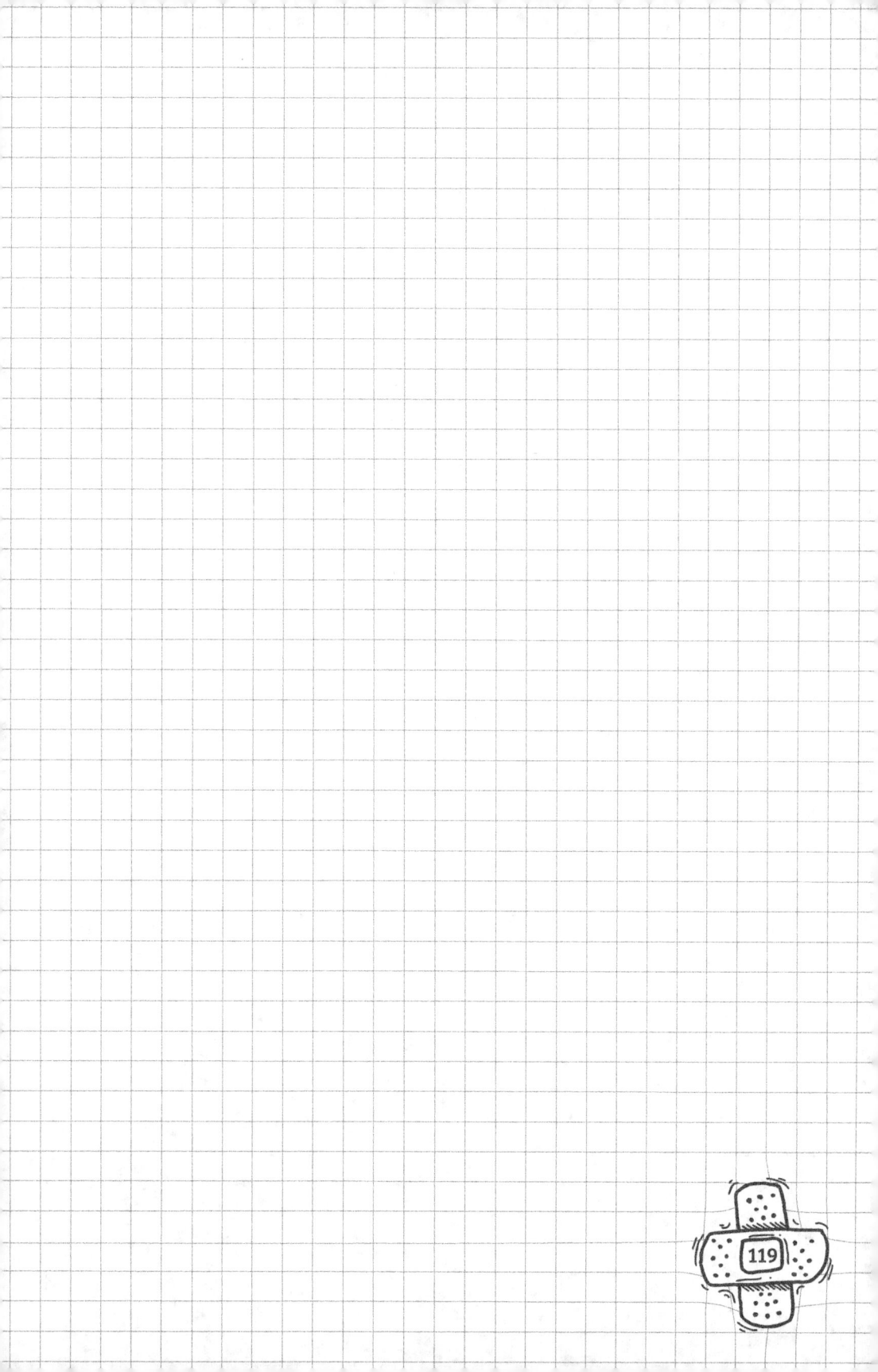

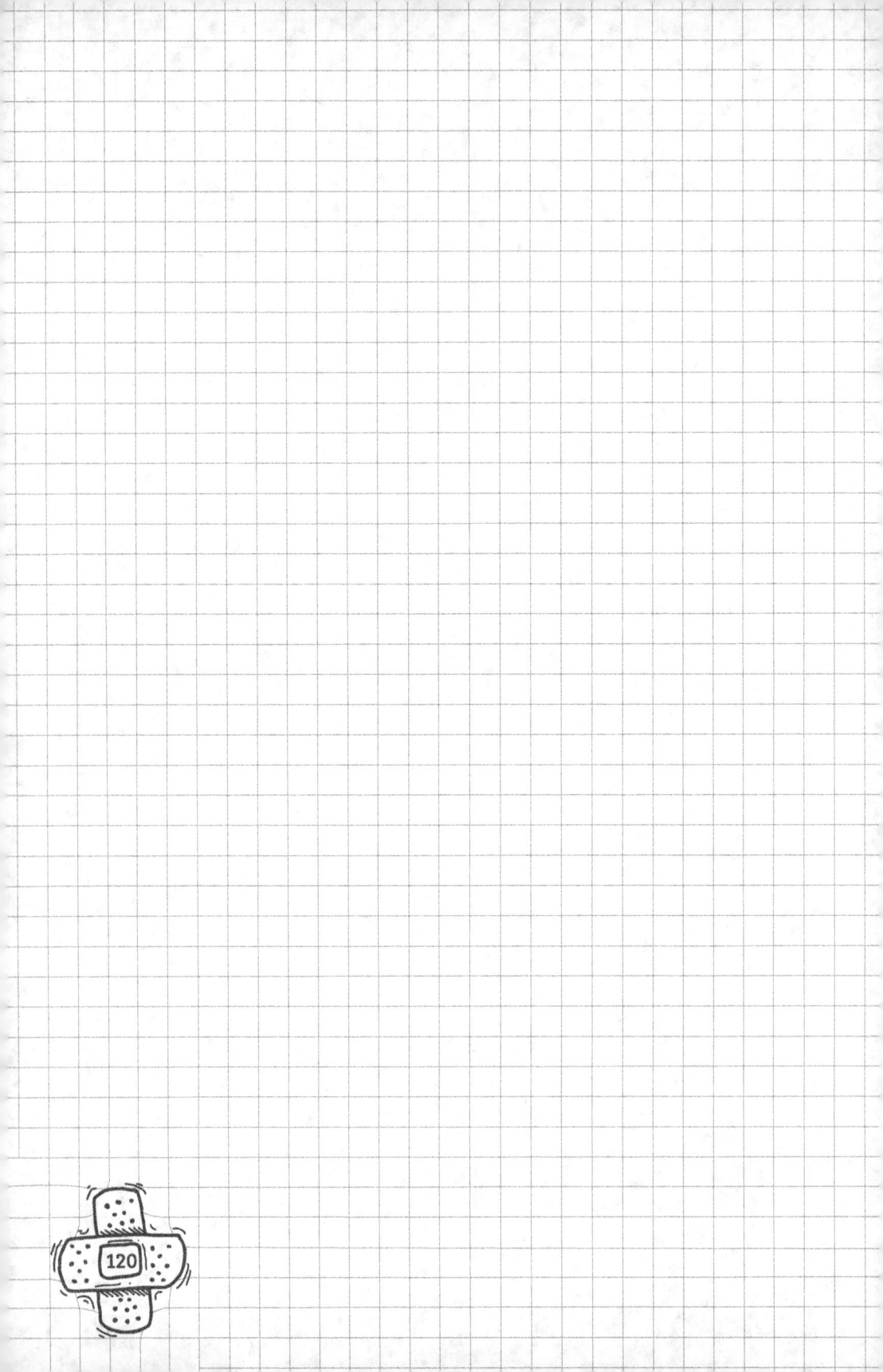

Inhalt und Gestaltung:
Andreas Beck
Breiteweg 24
DE-89143 Blaubeuren

www.ingramcontent.com/pod-product-compliance
Lightning Source LLC
Chambersburg PA
CBHW060851220526
45466CB00003B/1326